KB211069

조심은 하되 두려워 말아야

명선가족 여러분, 담임목사 배성태입니다.

코로나19로 인해 여러모로 마음이 어려우시죠?
이에 주일예배를 앞두고 몇 가지 당부 드리니 참고해주시기
바랍니다.

- 조심은 하되 두려워하지는 맙시다.
- 최근 확진지역을 다녀오신 분들은 자택에서 홈페이지 혹은
  모바일로 실시간 예배를 드려주시기 바라며 이런 경우
  담당교역자에서 꼭 연락 바랍니다.(2주간)
- 교회에 오실 땐 반드시 마스크를 착용해주시고 예배 시에도
  그리하시기 바랍니다.

오늘도 샬롬입니다~^^

2월 21일(금)

사랑해요 목소리 높여

2020년 10월 15일 초판 1쇄 발행

편지글	ㅣ	배성태
기획	ㅣ	나상술
편집	ㅣ	김승일, 김중근
디자인	ㅣ	정승환
사진	ㅣ	나상술, 사진팀
일러스트	ㅣ	오단비
펴낸이	ㅣ	민상기
펴낸곳	ㅣ	도서출판 드림북
인쇄소	ㅣ	예림인쇄 [제책 예림바운딩]
총판	ㅣ	하늘유통 [031-947-7777]

등록번호	ㅣ	제 65호 [등록일자 2002. 11. 25.]

· 경기도 의정부시 가능1동 639-2(1층)
· Tel (031)829-7722, Fax(031)829-7723

· 이 책에 수록된 사진중 마스크를 착용하지 않은 사진들은 코로나19 발생 이전에
 촬영된 것입니다.
· 잘못된 책은 교환해 드립니다.
· 이 출판물은 저작권법에 의해 보호를 받는 저작물이므로 무단 복제할 수 없습니다.
· 독자의 의견을 기다립니다.
· 드림북은 항상 하나님께 드리는 책, 꿈을 주는 책을 만들어 갑니다.

사랑해요 목소리 높여

코로나19 상황 속에 피어난
목자와 성도 간 사랑의 대화록

이 책의 편지는
온 나라가 코로나19 전염병으로 힘들어하던 2월 21일부터
명선가족들께 보낸 것들입니다.
하나님 아버지를 생각하며
아버지의 마음을 담아
아버지의 사랑 안에 머묾을 기뻐하는
명선의 가족들과 나눈 대화입니다.

차례

서문

사랑해요 ♥ 목소리 높여
목회서신을 책으로 발간하며

2월 주님, 어찌할까요

3월 다 뜻이 있으시겠지요

4월 송구합니다, 감사합니다

5월 역시, 주님

사랑해요 ♥ 목소리 늘여

이 책의 편지는
온 나라가 코로나19 전염병으로 힘들어하던 2월 21일부터
명선가족들께 보낸 것들입니다.
하나님 아버지를 생각하며
아버지의 마음을 담아
아버지의 사랑 안에 머묾을 기뻐하는
명선의 가족들과 나눈 대화입니다.
굳이 대화라 함은
편지를 쓸 때마다 저는 말했고
명선가족들은 제 목소리를 들으며 반응했을 것이기 때문입니다.

처음엔 2주면 충분할 줄 알았습니다.
그런데 8개월째 편지를 보내고 있습니다.
아내와 연애를 할 때도 이 정도는 아니었습니다.
그러던 중 몇몇 교우들께서
책으로 만들고 싶다는 제안을 했습니다.
뭐 그럴 것까지 있겠냐는 생각이었지만
이 기간에 있었던 여러 일 들을 기록으로 남겨 둔다면
사료(史料)가 되겠다 싶어 정리해보자고 했습니다.
그런데 이렇게 판이 커져 버렸습니다.
아무튼 이를 위해 애써주신
나상술 장로님, 김승일 장로님, 김중근 집사님, 정승환 집사님
예쁜 일러스트로 의미를 더해준 오단비 자매 그리고 사진사역팀,
출판 비용을 감당해주신 성도님들께 감사를 드립니다.

"나의 사랑하고 사모하는 형제들
나의 기쁨이요 면류관인 명선가족들에게
주 예수 그리스도의 은혜가 심령에 가득하길 빕니다" (빌립보서 4:1~3)

♥ 미리 양해를 구할 것은 편집인들의 제안대로
　모든 내용을 첨삭이나 수정 없이 그대로 옮기다 보니
　여기저기 매끄럽지 못한 부분들이 있습니다.

2020년 10월　예성래 목사

목회서신을 책으로 발간하며

코로나19로 온 세상이 몸살을 앓고 있습니다. 금방 끝날 것 같았던 이 전염병으로 인해 많은 사람이 염려와 혼란의 삶을 살아가고 있습니다. 끝이 어디일까 매일 기대하지만 언제 이 감염병으로부터 자유로워질지 아직은 아무도 모릅니다. 어쩜 이런 상태로 계속 살아가야 할지도 모릅니다.

거리에서 엄마의 손을 잡고 있는 천진한 아이들이 영문도 모른 채 마스크를 쓰고 있는 모습은 애처로움과 함께 어른으로서 죄스러운 마음이 들기도 하며, 자신의 몸을 가누기도 힘든 연로하신 어르신들이 마스크를 쓰고 있는 모습을 보면 갑자기 서글퍼지기도 합니다. 세상 만물을 창조하시고 섭리하시는 하나님의 긍휼을 구하지 않을 수가 없습니다.

2020년 2월 21일, 수요일 1부 예배(낮예배)를 끝으로 교회에서의 예배와 모임을 중지하고, 온라인 영상예배로 전환할 때만 해도 금방 끝날 것 같았던 전염병이 아직도 진행 중에 있습니다. 다행히 10주 만인 5월 첫 주부터는 교회에서의 예배를 재개했지만 '생활 속 거리두기'가 계속되는 가운데 정부의 방역지침을 지켜 예배당의 자리를 배치하여 자리가 부족한 상태에서 많은 성도가 온라인 영상예배 중이며, 활발했던 교회의 많은 사역은 시작조차 못 하고 있으니 안타깝기 그지없습니다.

코로나19로 성도들이 두려워하며 예배당에 나가지 못하던 2월 말부터 매주 2~4회씩 담임목사님께서는 성도들을 생각하며 기도하는 마음으로 편지를 쓰셨습니다. 그것이 현재 95번째가 되었습니다. 그동안 목사님의 기도는 더욱 깊어졌고, 보고 싶은 성도들을 한 사람씩 떠올리며 아버지의 마음을 담은 편지를 보내주셔서 많은 성도의 마음을 붙잡아 주셨고, 교회를 향한 사랑과 그리움을 상기시켜 주셨습니다. 그야 말로 목사님의 성도들을 향한 러브레터요 목회 서신입니다. 러브레터를 받는 것은 가슴설레고 행복한 일입니다. 이러한 목사님의 러브레터를 모아 작은 책자로 엮어보기로 하였습니다. 급기야 코로나19가 지나고 새로운 일상이 우리 앞에 펼쳐질 때, 우리는 어떤 마음으로 이 감염병을 대처해 왔으며 어떤 기도를 했는지, 우리를 향하신 하나님의 뜻이 무엇이었을지 뒤돌아보게 될 것입니다. 아울러 포스트 코로나 19(Post Covid-19), 뉴노멀(New Normal) 시대에 교회와 성도들의 감염병에 대한 응전의 작은 역사가 될 것입니다.

우리 주님의 평강이 늘 함께 하시길 기도합니다.

2020년 10월　나상술 장로

2월 27일(목)
새벽예배 시작기도문
예배중지 후 첫 영상예배

하나님 아버지 감사합니다.

귀하고 복된 날을 저희에게 허락해 주셔서 고맙습니다.
평소와는 다른 모양의 예배를 저희가 드리게 되었으나 주님은 동일하신
마음으로 우리의 예배를 받으실 것을 믿습니다.

교우들은 가정에서,
저희들은 이 시간 예배당에서 주 앞에 함께 예배드리게 되었습니다.
우리가 멀리 떨어져 있으나 하나님 앞에서 동일한 마음으로 주 앞에 예배드리게
하시고, 평소와 다름없이 예배당에서 주님을 사모하는 그 마음을 허락하시길
원합니다.

사순절이 시작되는 두 번째 날 아침입니다.
우리를 위하여 당하신 주님의 고난은 저희의 속죄를 위한 은혜로운 사건이었음을
저희가 깊이 기억하고 감사와 은혜가 충만한 사순절을 보낼 수 있도록 주께서
은혜를 더하여 주시길 빕니다.

국가적으로는 매우 어려운 상황 가운데 있습니다.
아픔을 당한 사람들도 수없이 늘어가는 가운데 있습니다.
자비로우신 주님, 우리는 지난날 하나님 앞에 참으로 교만하였습니다.
스스로를 하나님인 양, 자신이 모든 것을 할 수 있는 양 대적하고 하나님을
무시하고 무관심한 채 살아온 시간들이 얼마나 많았는지 모릅니다.
이 질병은 하나님의 용서가 아니면
결코 끝나지 않을 일인 줄 저희들은 잘 알고 있습니다.
하나님의 긍휼을 간구합니다.
주님, 이 나라와 이 백성을 용서하여 주시어 우리가 이 어려움으로부터
속히 놓임을 얻게 하시고 모든 병증들이 이 땅에서 떠나는 은혜를
주께서 허락하여 주시옵소서.

우리의 구세주 예수 그리스도의 이름으로 기도합니다. 아멘.

- 배성태 목사 -

2월
주님, 어찌할까요

하나님의 말씀과 기도로 거룩하여짐이라
[디모데전서 4장 5절]

2월 26일(수)

공예배를 중단하며

담임목사 배성태입니다.

사순절이 시작되는 오늘, 예상치 못한 소식을 접하시고 놀라지 않으실까 염려됩니다. 새벽예배 후 당회로 모여 몇 가지 사실을 결정하였습니다. 오늘부터 3월 14일 까지 교회의 모든 공예배와 모임을 중단하며 예배당 출입문을 닫으려 합니다.

아시는 바와 같이 지금 우리나라는 우한 코로나바이러스로 인해 큰 어려움을 겪고 있습니다. 곳곳에서 많은 환자들이 속출하고 있으며 앞으로 2주간이 고비가 될 것으로 예측하고 있습니다.

아울러 이 기간 동안 변동되는 몇 가지 사실을 알려드립니다.

1. 저희 교직원들은 평소와 같이 근무할 것입니다. 필요한 일이 있으실 때 언제든 전화 주시기 바랍니다.
2. 저희 목회자들과 장로님들은 저녁을 금식하며 교회와 성도님들, 그리고 병으로 고통당하는 이들과 치료를 위해 애쓰시는 여러분들과 나라와 국민들을 위해 기도 하려 합니다. 함께 기도해주시길 바라며 매일 기도제목을 공유하도록 하겠습니다.
3. 새벽예배를 비롯하여 온맘기도회, 수요예배, 주일예배, 교회학교 예배는 기존대로 실시간으로 함께 하실 수 있습니다. 전날 자세히 안내해드리겠습니다.

교우 여러분들이 많이 그리울 것 같습니다. 지난 몇 주간 동안 마스크를 쓰신 채 예배드리며, 여러 모양으로 교회와 성도들을 섬겨주신 성도님들의 모습은 큰 감동이었습니다. 이참에 하나님과 교회와 예배에 대한 사모함 그리고 성도의 교제에 대한 그리움이 더 커져갔으면 좋겠습니다.

주님 안에서 평안하시며 더욱 강건하시기 바랍니다.

사랑하고 축복합니다.

주님, 어찌할까요

2월 26일 수요1부예배를 마지막으로 교회예배 중지됨

2월 26일 새벽예배 후 임시당회(새가족실)

교회 입구에 걸린 교회 예배 및 모임중지 안내문

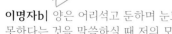

이명자b| 양은 어리석고 둔하며 눈도 어두워서 갈 곳을 잘 잃고 한번 쓰러지면 잘 일어서지 못한다는 것을 말씀하실 때 저의 모습인 것 같았습니다. 그렇지만 그동안 하나님 말씀으로 양육해 주셨기에 비틀거리지만 길을 잃지 않고 가고 있습니다. 정겨운 교회 마당, 보고 싶은 목사님과 교회 식구들이 더욱 그리운 하루입니다.

정승환| 사순절이 시작되는 날 예상치 못한 소식에 놀라움과 더불어 사순절의 의미를 몸으로 실감할 수밖에 없게 된 지금, 믿음의 지체들과 함께 모여 예배하며 교제하는 교회의 소중함을 다시금 상기시키는 시간이 되는 것 같습니다. 아무쪼록 온 성도들의 중보기도로 주안에서 끊임없는 사랑의 교제가 이어지기를 기도합니다.

2월 27일(목)

하나님의 선하신 뜻을 헤아리며

명선의 형제자매 여러분, 담임목사 배성태입니다.

사순절 둘째 날도 이제 저물어갑니다. 이런 일이 있으리라곤 상상도 못했는데 오늘도 하나님의 선하신 뜻을 헤아려봅니다.

오늘 새벽엔 저희 교직원들만 모여 예배했습니다. 교우 여러분께서도 함께 하실 수 있도록 실시간 영상을 준비했었는데 보셨는지요? 지금은 기도와 삶의 거룩함이 어느 때보다 중요할 때입니다.
"하나님의 말씀과 기도로 거룩하여 짐이라"(디모데전서 4:5)고 하셨습니다. 매일 새벽 5시 30분, 휴대폰으로 명선교회 들어오셔서 스마트 어플 메인화면, 설교영상, 실시간 방송보기를 클릭하십시오. 이 순간 여러분의 가정은 거룩한 성소가 될 것입니다. 이제 여러분은 가정에서, 저희는 주님의 전에서 '주님을 향하여 시선집중'입니다.

그리고 헌금에 관한 문의가 있어 답변해드립니다.
온라인 헌금계좌는 다음과 같습니다.
(일반헌금) 301-0156-2438-11
(건축헌금) 301-0209-3520-41
농협, 명선교회

드리실 땐 성함과 헌금종류를 기록해주셔야 계정별로 분류가 됩니다.
(십일조, 감사, 주정, 사랑의 식탁, 오른손, 일천번제)

복된 밤 되십시오.

샬롬.

주님, 어찌할까요

예배중지 안내문이 부착된 교회 입구, 마당공사 중

교회예배가 중지된 가운데 교역자님들만 본당에서 예배함

오세웅 | 교회에서 예배를 드릴 수 없다는 말이 믿기지 않고 실감이 나지 않았습니다. 영상예배이지만 가정에서 교회를 잘 세워야겠다는 다짐을 했습니다. 또한 내가 있는 모든 곳이 교회가 될 수 있도록 말씀을 바라보며 주님께 더 집중하기 위해 노력하겠습니다.

이창환 | 사순절 둘째 주일 목사님 서신을 보면서 주님의 고난을 생각했습니다. 주님의 부활처럼 이 땅에서 코로나19가 빠르게 끝나기를 기도했습니다. 우리 안의 교만함과 죄성을 내려놓고 온전한 믿음의 사람으로 살고 있는지 다시금 자신을 돌아보며 회개의 무릎을 꿇게 됩니다.

2월 28일(금)

모든 것은 하나님 손에 달렸습니다

샬롬! 담임목사 배성태입니다.

사순절 셋째 날 아침입니다.

새벽부터 흐리더니만 지금은 비가 내리고 있습니다. 어떻게들 잘 지내고 계십니까? 들려오는 소식들이 우리를 힘들게 하지만 오늘도 주님 안에서 여전히 샬롬하시길 기도드립니다.

저는 그제부터 텅 빈 예배당에서 때론 조용히, 때론 큰 소리로 기도하며 더러는 방언으로 기도합니다. 때론 주체할 수 없는 눈물과 함께 주님 주시는 소망으로 인해 마음이 더 단단하게 됩니다. 그리고 지난 주일 예배 말씀을 통해 주님께서 지금 우리의 상황을 조명해주셨음을 더욱 깨달으며, 비느하스와 솔로몬에 대해 많이 생각하고 있습니다.

어느 젊은이가 제게 물었습니다.
"어떻게 해야 지금의 상황이 수습될 수 있을까요?"
"지난 주일 말씀이 해답이다. 모든 것은 하나님 손에 달렸다. 어떻게 비느하스처럼 살 수 있을까? 하나님을 경외함과 도덕성으로 무장되어야 한다. 아마 이제 곧 우리 사회 여러 영역에서 이 시대 비느하스들이 일어날 것이며 그때 하나님께서 이 땅을 용서해주시지 않을까?(민수기 25:8)

그리고 조용히 ♬하나님이 보우하사 우리나라 만세♬를 노래했습니다.

명선가족 여러분.
하나님께서 우리나라를 긍휼히 여겨주시길 기도 또 기도합시다. 지금은 주님의 긍휼을 구할 때입니다. 오늘 저녁 8시엔 예정한 대로 사순절 온맘기도회가 있습니다. 실시간 영상이 준비되어 있으니 함께 해주시기 바랍니다. 그리고 내일 새벽에도...^^

김은혜l 우리를 사랑하시되 끝까지 사랑하시고 언제나 좋은 것으로 채워주시기를 원하시는 하나님 우리 아버지께 시선을 고정시키고, 비느하스의 이쁜 짓을 보며, 나는 무엇으로 주님께 이쁜 모습을 보여드릴까 생각하는 하루가 되었습니다.

박사무엘l 샬롬~ 목사님
꿈에도 생각 못한 현재의 상황이 당황스럽지만, 또 다른 하나님의 섭리와 은혜를 기도하며, 그럼에도 목사님 말씀처럼 "오직 예수, 오직 기도" 뿐인 것을 다시 한번 느끼게 됩니다.

주님, 어찌할까요

지금은 주님의 긍휼을 구할 때
하나님이 보우하사 우리나라 만세

2월 29일(토)

예배하는 곳곳이 마가의 다락방 되길

담임목사 배성태입니다.

사순절 넷째 날 오후입니다.
어제와는 달리 날씨가 아주 청명합니다. 국민들의 마음도 이랬으면 좋겠습니다.

어느 때보다 길게 느껴진 한 주간이었습니다만 내일이면 주일입니다.
교우 여러분이 계시지 않는 예배당에서 예배를 드려야 할 것을 생각하니 벌써 목이
멥니다. 하지만 저희 교직원들은 평소보다 더 간절히, 더 사모하며 주일을 준비하고
있습니다. 여러분은 계시지 않지만 여러 분들을 느끼며 예배할 겁니다.

지난 한 주간 동안 우모하비전센터는 예정대로 공사가 진행되고 있습니다. 본당과
연결되는 두 개의 다리는 금주에 마무리 되며, 본당을 출입하는 다리는 금주 공사에
들어가게 됩니다. 예전보다는 조금 더 넓어질 것입니다. 그리고 전 층에 바닥 보일러
작업을 마쳤습니다. 이는 설계 이후 추가 된 공사인데 쾌적한 공기와 실내 환경을
고려해서 입니다.

그리고 교회마당의 담장은 제거되었고 새로운 담장 작업에 들어가게 됩니다. 이로써
초창기 예배당 흔적은 모두 사라지게 됐습니다. ㅠㅠ

주일 예배는 9시, 11시 30분, 2시에 있는데 유튜브로 명선교회에 들어오시면 실시간
예배를 드리실 수 있습니다. 물론 저녁예배도 있습니다. 예배드리실 땐 가족 중에서
헌금위원을 세워주시고 깨끗하고 큰 쟁반을 사용해주시기 바랍니다. 한 번도 사용
하지 않았던 것이면 더욱 좋겠습니다. 오늘 오후에 주보와 3월 우모하기도발전소
기도 제목을 보내드릴 테니 살펴보시기 바랍니다.

명선가족 여러분.
예배하시는 곳곳마다 마가의 다락방이 되길 기도하고 있습니다.

복된 주일 되십시오.

사랑합니다.

샬롬.

주님, 어찌할가요

새벽신앙수련회 모습('19.3.6)

교회 마당공사 중

김충경| 사순절을 가정예배로 드리며 성도님들의 가정에도 마가의 다락방에서 성령의 임하심을 받고 하나님 나라의 증인의 삶을 온전히 살아간 제자들처럼 우리도 거룩하신 하나님께 전심으로 기도와 경배와 찬양을 온전히 드리기를 당부하시는 목사님의 목회서신에 저희 가정도 응답하며 사랑과 존경을 표합니다.

황진하| 목사님의 목회 서신을 통해 대평원에 양들이 평안히 풀을 뜯고 있는 광경이 떠오르며, 우리 교회 평상시 예배의 광경을 떠올렸습니다. 그리운 마음과 함께 '그때 좀 더 잘 할걸' 하는 반성을 합니다. 예배의 소중함과 주의 전을 향한 뜨거운 마음을 생각나게 해 주셔서 감사합니다.

3월 3일(화)
새벽예배 시작기도문

선한 목자가 되시는 자비로우신 하나님 우리 아버지,
날마다 우리의 누울 곳과 쉴 곳을 아시며 인도하시는 자비로우신 주님의
은총에 감사를 드립니다.

지난 한 밤도 주 은총 가운데 평안한 밤 될 수 있어 감사했습니다.
오늘도 여러 사회적 상황들이 우리를 무겁게 하고 또 힘들게 하지만 오늘을 향한
하나님의 또 다른 뜻이 있음을 저희들이 믿으며,
하나님의 뜻을 좇아 살아가기를 원합니다.
저희들의 마음과 생각을 주장하시고 하나님의 말씀 안에서 주의 뜻을 헤아리며
믿음으로 살아가는 귀하고 복된 날이 되게 해 주시기를 바랍니다.

주님, 매 주일 마다 저희들에게 주셨던 거룩하신 말씀을 기억하고,
우리는 함께 이 아침, 주 앞에 기도하였습니다.
자비로우신 하나님 아버지, 우리를 향하신 주님의 수많은 명령들,
주님이 기뻐하시는 아름다운 일들을 우리가 마음에 새깁니다.
주님, 이전과는 다른 새로운 삶의 가치관을 우리 안에 구축하게 해주시고 믿음으로
승리하는 저희 되게 해주시기 바랍니다.

주님, 우리가 이 시대의 비느하스가 되기를 원합니다.
정말 하나님의 질투로 질투하며 우리의 죄를 버리게 하시고 저희가 살아가는 삶의
현장에서 믿음으로 반응하며 세워질 수 있게 되기를 원합니다.
주님, 이 모든 일들이 우리의 허물과 죄, 하나님을 향해 바르게 경외하지 못함과
대적함에서 비롯된 것임을 저희들이 잘 압니다.
주님의 사죄의 은총이 이 땅의 죄를 끊게 해주시고 모든 무거운 짐들을 끊어버리는
복된 기회가 될 수 있도록 주께서 은총을 더하여 주시옵소서.

전능하신 아버지, 오늘도 예배하며 나아가는 귀하고 복된 하루, 저희의 삶을 통해
주님의 아름다운 영광을 보는 귀한 은혜의 날 되게 하옵소서. 힘들고 어려움 중에
있는 이 땅의 수많은 사람들, 두려움 가운데 있는 사람들, 어려운 사람들을
도우며 헌신하는 사람들, 이 일로 인해서 지쳐 힘들어 있는 사람들 한 분 한 분을
주님께서 긍휼을 베풀어 주셔서 강건케 하시고, 저희들의 심령을 새롭게 하시며
아름다운 러브 피플을 이루어가는 귀한 날들 되게 하여 주시옵소서.

우리 구주 예수 그리스도의 이름으로 기도드립니다. 아멘.

- 배성태 목사 -

3월

다 뜻이 있으시겠지요

너희가 서로 짐을 지라
그리하여 그리스도의 법을 성취하라
[갈라디아서 6장 2절]

3월 1일(일)

지난 시간은 추억이 됩니다

샬롬!
담임목사 배성태입니다.

교우 여러분이 계시지 않은 채 맞은 주일, 교회는 텅 빈 채 적막하기 까지 합니다. 너무 허전해서 뭘 해야 할지 몰라하며 그냥 목양실에 있습니다. 그러다 정신을 차리고 나니 비로소 여러 분이 보입니다.

"목양실 앞 복도를 통해 예배당으로 올라가는 찬양대원들의 재잘거림과 발자국 소리, 분주히 오가는 사역자들의 섬김의 모습들, 우모하 카페의 은은한 커피향, 조이 라이프의 악기연주와 노랫소리, 야외카페에 늘어선 어른과 아이들, 소나무 정원의 삼삼오오 모습들, 교회로 향해 오는 차량들, 숨죽이는 예배를 드리는 아이들, 자모실의 유아들과 엄마 아빠들, 그리고 양 우리로 들어가는 순한 양 같이 예배당으로 들어오는 성도들, 예배 모습들, 눈을 지그시 감고 있는 이, 상기된 표정으로 저를 바라보는 이, 예배드리다 말고 부리나케 밖으로 나가는 이도 보이네요. 하나님보다 더 센 이가 호출하셨나 봅니다"

그러나 모두 아름다운 풍경입니다.
이 처럼 지난 시간은 추억이 됩니다. 오늘도 그렇겠죠. 영상예배를 드린 후 많은 분들이 문자를 보내주셨습니다. 접속한 이가 3,043분, 가족들이 함께 예배드렸다면... 오~ 할렐루야입니다.

'내일 새벽에도 뵙겠습니다.' 솔직히 요즘 이 재미로 삽니다.

샬롬.

* P.S 순장님들을 통해 신천지에 관한 참고사항을 보내드리니 살펴보시기 바랍니다.

다 뜻이 있으시겠지요

강병란| 샬롬! 어느 날부터인지 목사님의 목회 서신을, 저희를 향한 주님의 애틋한 연애편지인 듯 기다려 졌습니다. 어느 날은 눈물 쏘옥, 어떤 날은 은혜로 감동으로, 저도 목사님처럼 이렇게 이쁜 글 쓰구 싶다. 하나님 아빠! 우리 목사님 기도들 다~~ 들어주실거죠? 라고 기도했습니다.

김승일| 벌써 옛날처럼 추억이 되어버린 교회 모습에 깊은 공감이 됩니다. 황폐한 예루살렘 성전을 바라보는 시편 기자의 맘을 엿볼 수 있습니다. 주님도 목사님과 같은 마음일거라 믿습니다. 때론 멈춰야 비로소 보이는 것들이 있습니다. 목사님 힘내세요. 주님과 함께 화이팅!

3월 2일(월)

밧모섬의 영성으로 세워가길

담임목사 배성태입니다.

주님 안에서 명선가족 여러 분의 평안을 빕니다.

사순절 다섯 째 날 아침입니다.
교우 중 누가 그랬다네요.
"그래도 목사님들은 교회에 머물 수 있어서 부럽습니다."
오~ 그거 말 됩니다. 그런데 가끔은 섬 같다는 생각이 들기도 합니다.

그러다 밧모섬이 생각났습니다. 1900년쯤 전 세례 요한이 유배되어 계시 받았다던
그 섬, 산 위의 작은 그 동굴이 눈에 선합니다. 언젠가 교우들과 함께 소아시아 성지
순례 때 가보았던 밧모섬, 당시 돌섬이었던 그곳이 지금은 관광지가 되어 있었습니다.
그래서인지 구경꾼 장사꾼은 넘쳐나는데 신령함은 사라진듯해서 아쉬움이 컸습
니다.

그래서 생각해봤습니다. 전염병으로 인해 외출이 잦아든 요즘, 교회와 가정 그리고
자신을 밧모섬의 영성으로 세워갈 계기로 삼으면 어떨까 싶습니다.
저희 교역자들은 하루 종일 교회에 머물며 주님 생각, 교우들 생각, 나라와 국민,
세계를 생각하며 지내고 있습니다. 돌아보면 이런 때가 별로 없었던 것 같습니다.
오늘도 저는 섬에서 이 행복을 누리고 있습니다.

복된 하루 되십시오.
사랑합니다.

김종성 | 내가 있는 곳이 밧모섬이라면~ 그보다 좋은 곳이 또 있을까요? 혼란스럽고
어지러운 세상속에서 그럼에도 불구하고 찬양하며 하나님을 생각할 수 있다는 것만으로도
축복받은 삶이라는 생각을 했습니다. 주님 안에서 우리는 안전합니다 !! 샬롬!!

김정자 | 사도 요한을 생각나게 하시네요. 비록 밧모섬에 육체는 제한되었지만 주님과
아름다운 교제로 말미암아 주님은 계시록을 선물로 주시며 위로하셨습니다. 분명
목사님에게도 명선가족에게도 코로나 사건이 주님의 선물이 되었으면 좋겠습니다. 목사님
응원합니다. 힘내세요

다 뜻이 있으시겠지요

하루 종일

주님 생각, 교우들 생각, 나라와 국민, 세계를 생각하며

3월 3일(화)

할 수 없는 것이 있다는 것을 아는 것

담임목사 배성태입니다.

사순절 여섯째 날 아침, 오늘도 주님의 평안을 빕니다. 교우 여러분에 대한 그리움이 점점 커져만 갑니다. 다다음주엔 뵈어야 할 텐데 말입니다.

어제는 뉴스를 보다가 속이 많이 상했습니다. 우리 국민의 입국을 거부하는 나라가 80여 개 국이나 된다니요. 상상할 수 없는 일이 벌어진 것입니다.
대한민국이 '세계 속의 섬'이 되어가는구나 싶었습니다. 한편 유익한 계기가 될 수도 있겠다는 생각이 들었습니다. 정중동(靜中動), 동중정(動中靜)의 시점이겠다 싶었습니다.

그동안 우린 너무 잘 나갔습니다. Made in Korea가 세계를 휩쓸었습니다. K전자, K 팝, K뷰티, K푸드, BTS, 봉준호 등 K K K⋯ 하늘 높은 줄 몰랐습니다. 모두 부러워하며 한글 배우기 열풍이 불었습니다. 한강의 기적이 여기까지 온 것입니다. 초근목피(草根木皮)로 연명하던 때가 그리 오래지 않은데⋯ '할 수 있다 해보자 해내야 한다'는 한국인 특유의 의지의 결실입니다.

그런데 요즘 우린 시련의 때를 지나고 있습니다. 어쩌면 잘된 일인지도 모릅니다. 할 수 있다는 의지, 좋습니다. 그러나 그것으로도 할 수 없는 것이 있다는 것을 아는 것 역시 중요합니다. 그렇지 않으면 정말 아무것도 할 수 없는 때가, 아무것도 아닐 수 있는 때가 올 수도 있기 때문입니다.

사실 이쯤에서 브레이크가 필요했습니다. 우리는 좀 더 겸손해야 했고, 좀 더 낮아져야 했고, 좀 더 내려놓아야 했습니다. 그동안 너무 교만했고 거만했고 건방졌었습니다. 누구부터랄 것도 없습니다. 누가 누구에게 돌을 던질 수 있겠습니까? (요한복음 8:7~10) 너 나 할 것 없이 자신을 돌아보아야 합니다. 모든 때와 기한은 천지의 대주재이신 하나님께 있으니(사도행전 4:24) 믿고 맡기고 하나님께 엎드려 용서를 구합시다. 그리고 사죄의 은총을 내려주시길 간구합시다.

그런데 그 길이 보이질 않습니다. 아직도 손에 손에 돌을 들고 던질 곳을 노려보는 사람들로 가득하기 때문입니다. 이를 어쩌면 좋습니까? 주님 언제까지입니까? 탄식만 나옵니다. 그럼에도 우린 기도해야 합니다.

교우 여러분, 오늘도 복된 하루 되십시오.
사랑하고 축복합니다.

다 뜻이 있으시겠지요

『저 주시는 하나님』 조각상('10년 7월)

저 주시는 하나님
모든 때와 기한은 하나님께 있으니

김진배| 어려운 시대를 살아가는 보약인 목회서신 덕분에 명선교회의 성도인 것이 행복합니다. 힘듦과 막연한 두려움 속에 살아가기 급급한 요즘, 목회서신은 가장 확실한 처방이 됩니다.

신보란| (이혜승이 대신 함) 우린 할 수 있는 것이 아무것도 없고, 보이지 않는 두려움 속에 무기력한 삶이지만. 우리는 그럼에도 불구하고 기도의 방패가 있음을 기억하겠습니다~

3월 4일(수)
나뭇가지 끝에서부터 봄을 맞듯

안녕하세요~
배성태입니다.

어제는 교우들 두 가정에 장례가 있어서 다녀왔습니다. 오가는 길도, 장례식장도 예전에 비해선 많이 조용했습니다. 평소 같았으면 교우들의 조문도 많았을 텐데 아쉬움이 컸습니다.

이런 중에서도 도로 주변의 나무들은 봄기운을 받은 듯 보였습니다. 끝이 불그스레한 것이 가지 끝에서부터 봄을 맞는구나 싶었습니다. 이제 곧 속눈이 터지고 일엽 이엽... 산천은 곧 초록으로 물들게 될 것입니다.

몇 년 전 터지기들과 함께 강원도에 봄나들이를 갔을 때입니다. 미시령을 넘어 속초로 진입하는 내리막길 우편에 울산바위가 서 있습니다. 그냥 지나치기가 아쉬워 잠시 차에서 내렸는데 눈에 들어온 건 울산바위가 아니라 그 아래 비탈에 넓게 펼쳐진 다양한 색의 초록의 향연이었습니다. '초록이 단풍보다 아름답다'는 걸 그제야 알았습니다. 함께 한 터지기들에게 저걸 좀 보라고 탄성을 질렀지만 반응이 신통 찮았습니다. 순간 그 여인들의 남편들이 측은히 여겨졌습니다. 그런데 그 여인들 틈에 제 아내도 있었습니다. 그렇게 여태껏 지내왔습니다.

봄이 시작될 쯤이면 파릇파릇한 그 산이 늘 그림처럼 떠오릅니다. 올해도 어김없이 그렇게 옷 입을 것입니다. 험한 우리네 사정도 봄과 함께 이제 곧 좋은 소식이 들려 오리라 생각합니다.

교우 여러분, 오늘도 평안한 하루 되십시오.

샬롬.

양춘모| 주님이 주신 세계는 참으로 아름답지요. 함께 하신 터지기분들의 남편분들이 안돼보이셨다고 하셨는데... 그분들 중에 사모님이 계셨다니ㅎㅎ반전의 표현이 입가에 미소가 지어지네요~^^

김진희b| 목사님~~♧♧ 그간 보내주신 글 읽으면서 너무나 송구스럽고 죄송한 마음에 눈물이 많이 났습니다. 한편으로는 목사님 건강하신 안부를 읽고 몹시 기쁩니다. 코로나 19 가 속히 종식되어 예전처럼 은혜 가득한 목사님의 말씀과 찬송이 울려 퍼지는 교회, 그런 날이 오기만을 간절히 기도합니다. ~♧♧

다 뜻이 있으시겠지요

3월 6일(금)

명선교회의 공적 책임

담임목사 배성태입니다.
저 잘 있습니다.

어제 메시지를 보내지 않았더니만 여러 교우들께서 궁금해 하셨나 봅니다. 아직까진 무사합니다. 그리고 여러분의 무소식도 희소식으로 알겠습니다.

어제는 우모하비전센터를 두 번이나 오르락내리락 했습니다. 너무 좋아서 이곳저곳 막 다녔습니다. 이제 곧 이 곳에서 즐거워할 우리 아이들, 그리고 교우 여러 분들의 모습을 상상하니 그렇게 좋을 수가 없었습니다.
그리고 옥상엘 올라갔습니다. 사방으로 탁 트인 주변을 둘러보는데 아파트와 주택들이 마치 우리 교회를 중심으로 배치된 듯했습니다. 정말입니다. 다음에 꼭 와보십시오. 그 순간 내 안에 이런 울림이 있었습니다. '그런데 그동안 뭐했니?'... 하나님의 질책이었습니다. 동시에 '우리가 지켜보고 있습니다. 그러니 중심을 잘 잡아주십시오. 기대합니다'라는 지역민들의 기대 반 우려 반 소리도 있었습니다. 그래서 전망을 즐길 수만은 없었습니다.

그리고는 옥상의 가장자리를 빙빙 돌면서 이런저런 생각을 했습니다. 재작년 어느 주일에 묵상했던 에스겔 47장의 말씀도 떠올랐습니다.

"그가 나를 데리고 성전 문에 이르시니 성전의 앞면이 동쪽을 향하였는데 그 문지방 밑에서 물이 나와 동쪽으로 흐르다가 성전 오른쪽 제단 남쪽으로 흘러 내리더라/ 손에 줄을 잡고 동쪽으로 나아가며 천 척을 측량한 후에 내게 그 물을 건너게 하시니 물이 발목에 오르더니/ 다시 천 척을 측량하고 내게 물을 건너게 하시니 물이 무릎에 오르고 다시 천 척을 측량하고 내게 물을 건너게 하시니 물이 허리에 오르고/ 다시 천 척을 측량하시니 물이 내가 건너지 못할 강이 된지라 그 물이 가득하여 헤엄칠 만한 물이요 사람이 능히 건너지 못할 강이더라/ 그가 내게 이르시되 인자야 네가 이것을 보았느냐 하시고 나를 인도하여 강 가로 돌아가게 하시기로/ 내가 돌아가니 강 좌우편에 나무가 심히 많더라/ 그가 내게 이르시되 이 물이 동쪽으로 향하여 흘러 아라바로 내려가서 바다에 이르리니 이 흘러 내리는 물로 그 바다의 물이 되살아나리라"(에스겔 47:1~8)

그렇습니다. 우리에겐 세상을 살릴 공적책임이 있습니다.

오늘도 올라가 볼 작정입니다.

샬롬.

다 뜻이 있으시겠지요

현대홈타운에서 본 풍경, 우모하비전센터 건축 전과 후

우리가 지켜보고 있습니다
그러니 중심을 잘 잡아주십시오
기대합니다

배태운| 오로지 목양일념으로 양들을 보살피시는 우리의 목자를 사랑합니다. 아브라함, 모세, 엘리야 그리고 마지막 사사였던 사무엘까지도 주님을 사랑한다는 말을 하지 않았지만 오직 다윗만이 주님을 사랑한다고 수없이 시편에서 고백한 것처럼 그렇게 감히 말씀드리고 싶습니다. 사랑합니다.

정은애| 주변에 많은 이들이 아파하고 힘들어하는 현실을 바라보며, 내가 해야 할 일과 할 수 있는 일이 무엇일까 생각해 봅니다. 모든 것을 회복케 하시는 하나님의 절대적 주권을 믿으며, 하나님의 사랑과 복음을 끊임없이 흘려보낼 수만 있다면 얼마나 좋을까? 감사합니다 하나님 아버지!

3월 7일(토)

고난은 은혜입니다

사랑하는 교우 여러분.
배성태입니다. 보고 싶습니다.
모두들 건강하게 보낸 한 주간이었으리라 믿습니다.

여느 날처럼 오늘도 이른 아침 경주에 계신 어머께 안부전화를 드렸습니다.
"어머니 힘든 한 주간을 보내셨네요."
"그렇네. 오늘이 예비일이네."라는 겁니다.
교회를 나가지는 못하시지만 어머니는 그렇게 주일을 사모하고 계셨던 것입니다.
교우 여러분들의 마음도 그러시지 않을까 싶습니다.

예비일, 그렇죠. 예전 같았으면 주일을 앞둔 오늘은 설렘과 갈망, 사역준비, 성도들과
의 교제를 기대하며 가슴 부풀었을 시간일 텐데 말입니다. 그러나 제게 토요일은 여느
때나 다르지 않습니다.

그런 중에도 우모하비전센터는 주님의 은혜 중에 하나하나 준비되어가고 있습니다.
본당에도 이곳저곳 손을 보고 있는 중입니다. 어제는 동장님의 배려로 교회 안팎을
소독했고 오늘은 소나무 정원에 임시로 설치되어 있던 붕어빵 텐트를 걷었습니다.
이제 곧 이전보다 더 예쁜 집을 만들 계획입니다. 아이디어를 주시겠습니까, 아니면
근사한 붕어빵 카페를 지으시겠습니까?

요즘 교회에 머무르면서 자주 부르는 찬송이 있습니다.

♬

내 평생 소원 이것 뿐 주의 일 하다가
이 세상 이별하는 날 주 앞에 가리라

꿈같이 헛된 세상 일 취할 것 무어냐
이 수고 암만하여도 헛된 것뿐일세

불같은 시험 많으나 겁내지 맙시다
구주의 권능 크시니 이기고 남겠네

금보다 귀한 믿음은 참 보배되도다
이 진리 믿는 사람들 다 복을 받겠네

살 같이 빠른 광음을 주 위해 아끼세
온몸과 맘을 바치고 힘써서 일하세 아멘.

♬

다 뜻이 있으시겠지요

부르고 또 부릅니다. 고난은 주님의 은혜를 더 깊이 맛보게 하는 기회가 됩니다.

내일 예배 때 뵙겠습니다.(유튜브 영상예배)
안녕히 계십시오.
사랑합니다.

정은혜ㅣ 내일이 주일인데 교회에 갈 수 없고, 3월이 시작되었지만 학교에는 아이들이 오지 못하여 저는 집에만 있습니다. 일상의 당연함의 경계가 무너져 버리고 많은 혼란의 시간을 겪고 있는데 목사님께서 보내주시는 기도편지는 저에게 많은 위로와 평안함을 주었습니다. 궁금했던 우모하비전센터의 모습이 눈에 그려지는 것 같습니다. 얼른 교회에 가서 소중한 사람들과 이야기도 나누고 싶고 유튜브 영상이 아닌 예배당에서 예배를 드리고 싶은 마음이 간절합니다. 목사님! 건강하시고 예배당에서 뵐 수 있는 날을 기도하며 기다리겠습니다.

강주희ㅣ 지금쯤 목사님은 텅 빈 교회의 마당을 하염없이 내려다보시며 교회 마당에 가득했던 솜사탕과 붕어빵 줄 선 아이들, 군고구마 통에서 담소를 나누던 교우들을 마음으로 그리고 계시지 않을지... 그러다 눈시울 붉히시면 어쩌나 마음이 아려요~^^
온정 넘치던 우리 교회, 그때 그 모습으로 돌아가면 더 위로하고 사랑 나누는 성도가 되고 싶어요. 지금은 그것을 준비하는 예비일이라고 생각할래요^^

코로나19 기간 중 교회예배('20.7.26 주일)

우모하비전센터 인테리어T/F팀 회의('19.6.25)

3월 10일(화)

무너뜨릴 수 없는 복음

배성태입니다.

오늘은 사순절 열두 째 날, 우리를 구속하신 주님의 은혜를 찬양합시다.

잘 계시죠?
'눈에서 멀면 마음에서도 멀다'고들 하는데 그건 아니시지요? 사실 십리 밖에 있어도 곁에 있는 듯 느껴지는 사람이 있는가 하면 바로 곁에 있어도 십리 밖 사람처럼 느껴지는 사람이 있다지 않습니까? 저는 이심전심, 속 편하게 그리 생각하기로 했습니다.

지난주 영상으로 예배를 잘 드리셨나요?
9시 예배 땐 영상송출에 에러가 있었습니다. '스텐바이-액션' 그런데 아!.
어떤 성도님은 예배 중에 메시지를 보내셨는데 '지금 숨죽여 드리는 예배를 실감하고 있다'고 했습니다. 아마 방송실 사역 중에 있던 교역자들은 속옷 다 젖었을 것입니다. 저 역시 아주 난감했습니다. 생방송은 쉬운 게 아니었습니다.

또 예배 중에 '헌금을 이곳으로 보내시기 바랍니다'라며 계좌번호까지 올린 괴문자가 지난 주에 이어 금주에도 여러 번 있었습니다. 발견되는 즉시 삭제했습니다만 참 못된 사람들이죠. 우리 교회 헌금 계좌는 주보 1면에 있는 것 외엔 따로 운영되는 것이 없으니 유의하시기 바랍니다.

자칫 무력해지기 쉬운 요즘엔 자기 관리가 무엇보다 소중할 때입니다. 성경 읽기, 밤참, 우모하 기도운동을 일상화하시기 바라며 새벽영상예배에 함께 하시길 당부드립니다.

오늘 새벽엔 「무너뜨릴 수 없는 복음」(사도행전 5:33~42)이란 주제로 묵상했는데 개인적으로 얼마나 소중한 시간이었는지 모릅니다.

여전히 보슬비가 내리는 오후입니다.
이럴 땐 '우모하 카페에서 창밖을 바라보며 차 한 잔'이 딱인데 많이 아쉽습니다.
주님과 함께 복된 하루 되십시오.

다 뜻이 있으시겠지요

가정예배학교('19년 4월)

김정욱| 샬롬~! 목사님 보내주시는 목회편지 감사합니다. 코로나로 교회문을 닫으며 성도를 맞이할 수 없는 목사님 마음이 "속 편하게 그리 생각하기로 했습니다"라는 반어 섞인 그 한마디에 고스란히 담겨 있는 거 같아 더 안타까움을 느끼게 합니다. 가정에서 매일 예배를 드리고 골방기도를 해도 그 애통함을 다스릴 수 없는 것은 왜 그럴까요? 한동안 잃어버렸던 눈물을 다시 찾게 되어 감사하지만, 함께 울 수 있는 사람들이 많지 않다는 사실에 또 한 번 울게 됩니다. 목사님의 편지로 많은 성도들이 깨어나고 하나님 나라를 더욱 사랑할 수 있기를 기도합니다.

차양숙| 교회에서 방송을 보내는 것도 쉬운 것이 아니군요. 그래도 예배가 지속될 수 있음에 감사드립니다. 목회서신을 대할 때마다 목사님의 모습이 떠올려집니다. 어느 날 갑자기 성도들을 볼 수 없게 되었을 때, 목사님의 심정은 어떠할까? 서신에 담긴 내용과 함께 성도를 향한 목사님의 애틋한 마음을 함께 읽으며, 감사의 마음을 보냅니다.
목사님 힘내세요!

3월 11일(수)

안타까운 공예배 중단 연장

명선가족 여러분, 담임목사 배성태입니다.

우리 주 예수님의 이름으로 평안을 빕니다.

"봄비 내린 후의 쾌청함이라니."
평소 같았으면 들로 산으로 바다로 나들이하기 딱 좋은 날씨인데 아쉬움에 속앓이 하실 분들이 많으실 것 같습니다. 그러나 전염병으로 인해 사투를 벌이시는 환자들과 가족들, 의료진들, 방역을 위해 애쓰시는 많은 분들을 생각하면 이마저도 염치없는 것 같습니다. "그러나 이 또한 지나가리니" 이제 곧 손에 손 잡고 마주할 날이 다가올 것입니다.

오늘 이른 아침 당회로 모여 교회 모임에 대한 이후 상황에 대해 논의한 바를 알려드리려 합니다. 지난 2월 26일 이후 우리 교회는 교회의 모든 공예배와 모임을 3월14일 까지 잠정 중단하기로 했습니다. 그러나 계속되는 전염병의 확산으로 인해 3월 31일(화)까지 연장하기로 했습니다. 금주엔 주님 전에서 뵐 수 있으리라 기대했 었는데 아쉬움 마음 금할 길이 없습니다.

그래서 "우린 지금 안식년을 보내고 있는 중이다"고 생각하기로 했습니다.
안식년은 쉼과 성장과 새로운 시작을 위한 기회이지 않습니까? 그래서 기대됩니다.
그날이~

형제자매 여러분, 사랑하고 축복합니다.

진은영| 아버지께 참되게 예배하는 자들은 영과 진리로 예배할 때가 오나니 곧 이 때라 아버지께서는 자기에게 이렇게 예배하는 자들을 찾으시느니라 하나님은 영이시니 예배하는 자가 영과 진리로 예배할지니라 (요4:23~24) 주님.. 영과 진리로 예배하는 저와 우리 모두가 되게 하옵소서!

최선경a| 이번 주에는 아이들과 함께 예배에 갈 수 있겠구나 했는데 다시 교회 문이 닫힌다고 생각하니 저 또한 마음이 아프고 마냥 아쉽기만 합니다. 그렇지만 '이 또한 지나가리니'라는 목사님의 위로가 희망이 되어 다시 교회에 모여 예배드릴 날이 더욱 기다려집니다. 이번 주 온라인 예배 후에는 아이들과 손잡고 하루빨리 교회에 가서 예배드릴 수 있기를 기도하겠습니다.

다 뜻이 있으시겠지요

안식년

쉼과 성장과 새로운 시작을 위한 기회
그래서 기대됩니다. 그날이~

연합뉴스

나와의 전쟁'에서
을 지키고 있는 의료진

코로나19 기간 중 당회 모습('20.5.24)

3월 13일(금)

지금은 기도해야 할 때

배성태입니다.

화창한 금요일 오후, 이제 한 주간도 거의 마무리 되는 시간입니다. 예전 같았으면 '불금'이라 하여 나들이 궁리, 함께 어울릴 궁리로 들떴을 터인데... 이런 일이 있으리라곤 상상도 못했습니다. 스티븐 호킹의 예고처럼 '전염병 대유행'이 현실화되는 것이 아닌가라는 우려에 세계가 패닉 직전입니다. 사람들의 마음이 무너지고 정신세계가 무너지고 영적으로도 흔들리고 있습니다.

이러한 때 명선가족 여러분께 한 가지 제안을 드립니다. 이번 주일을 기도하는 날로 보냈으면 합니다. 지금이야말로 기도해야 할 때라 생각이 되어서 입니다. 이를 위해 주일 하루 동안 미디어 금식을 해주십시오.
TV, 컴퓨터, 휴대폰 등 성경 외에 모든 볼거리를 멀리해 주십시오. 그리고 주일 영상예배와 식사시간외 모든 시간을 기도에 힘써 주십시오. 기도제목은 십계명을 중심으로 하시되 지난 세 번의 주일예배 말씀을 다시 묵상해주십시오.(민수기 26:1-4, 신명기 5:1-21, 신명기 27:1-10) 먼저 자신을 돌아보시고 가족과 가정, 교회와 교우들, 우리 사회와 국가, 세계를 위해 기도하도록 합시다. 말씀요약은 홈피를 통해 확인해주시기 바라며 순장님과 리더들을 통해 QR코드로도 보내드리겠습니다.

성도 여러분, 기도는 근본적인 것입니다. 역사와 미래는 기도하는 사람들에게 달렸습니다. 진짜 싸움은 물리적인 것이 아니라 영적인 것입니다. 이것을 아는 사람들은 사단이 볼 때 위험인물이며 영적 게릴라 입니다. 왜냐면 기도의 사람들은 무릎으로 천국과 피조세계를 움직이기 때문입니다.

그러므로 부모님들께서는 자녀들에게 왜 기도해야 하는지를 주지시켜 주시고 이 글을 읽는 청소년1,2팀, 청년1,2팀 젊은이들은 역사와 미래가 나의 기도에 달렸다고 믿고 하나님의 부르심에 순종해주시기 바랍니다.

그리고 성심을 다해 주일을 준비합시다.

사랑하고 축복합니다.

다 뜻이 있으시겠지요

기도는 근본적인 것
역사와 미래는
기도하는 사람들에게 달렸습니다

김선아l 기도의 힘은 항상 듣고는 있지만 그 힘을 경험하기는 쉽지 않습니다. 영적 게릴라!!!
도전이 되는 말씀입니다.

장민영l 나의 기도에 달렸다는 말씀이 기대와 도전으로 다가옵니다. 아무것도 할 수 있는
일이 없어 보이는 상황이라도 무기력에 빠지지 않고 기도의 자리로 가겠습니다!

3월 14일(토)

가정 주일예배(영상) 10계명

성도 여러분, 배성태입니다.

안타까움 속에 한 주일을 보냈습니다.
그리고 아쉬움 가득 안고 주일 맞을 준비하고 있습니다. 금주엔 교회가 궁금하여 기웃하신 성도님들, 전화에 대놓고 우는 이들, 위문품을 보내주신 분들도 계셨습니다.

오늘 점심 땐 교직원들과 함께 북수원 드마리스로 나들이를 갔습니다. 오랜만에 잔뜩 차려진 음식을 이것저것 좀 골라 먹었습니다. 이렇게 함께 마주할 날이 곧 다가올 것입니다. 점심 먹으러 가는 중에 약국 앞에 죽 늘어선 행렬을 보았습니다. 기가 막혔습니다. 아무리 봐도 21세기 문명과는 동떨어진 풍경이었습니다.

내일은 영상으로 예배하는 세 번째 주일입니다. 지난 주일 어느 성도님께서 보내주신 '코로나19로 인한 가정 주일예배(영상) 10계명'이란 제목의 글을 소개해드리니 도움이 되셨으면 합니다.

1. 예배드릴 공간을 청소하며 정숙하게 구별합니다.
2. 가급적 가족들이 한 자리에 모여 예배드립시다.
3. 교회에서 예배드릴 때와 같은 복장을 갖춥시다.
4. 예배 시작 5분 전, 마음을 모아 기도로 준비합시다.
5. 예배 중 찬양이나 성경봉독을 꼭 참여합시다.
6. 예배 도중 자리를 뜨지 않습니다.
7. 성경책과 찬송가를 펼칩시다.
8. 물질과 함께 마음도 드립시다.
9. 폐회기도 후 1~2분간 개인 기도를 드립시다.
10. 어려움을 겪는 이웃들을 위해 기도합시다.

"하나님은 영이시니 예배하는 자가 영과 진리로 예배할지니라"(요한복음 4:24)

내일 뵙겠습니다.

다 뜻이 있으시겠지요

코로나19 기간 중 가정 영상예배

김은주| 영상예배를 드리니 모처럼 시어머니와 나란히 앉아 예배드릴 수 있게 됨과 노모의 쩌렁쩌렁한 신앙고백과 찬양소리를 들을 수 있음에 감사하네요..

김명자b| 목사님, 예배당에서 성도들과 함께 모여 예배드리고 교회 뜰에서 기쁨으로 교제하던 시간이 참 그립습니다. 하나님 아버지 마음 곧 목사님 마음 담아 정성껏 보내주시는 편지는 늘 감동이고, 위로와 격려이며 큰 사랑입니다. 구석진 곳까지 살펴주시고 챙겨주시는 은혜와 사랑에 마음 따뜻해지고 눈시울 젖습니다. 목사님, 사모님도 건강하세요. 얼른 더 가까이서 뵙고 싶습니다. 감사합니다. 샬롬. ^‿^

3월 17일(화)

웰컴 투 동막골과 성애 로드

잘 지내고 계시지요?
배성태입니다.

어젠 양평엘 다녀왔습니다. 여러 해 전 그곳에 자리 잡고 계시는 어느 목사님댁을 방문하고는 함께 이곳저곳을 다니며 남한강의 풍광을 즐겼습니다. 넓은 강과 수변, 큰 나무들 산기슭에까지 옹기종기 모여 있는 예쁜 집들을 보았습니다 그렇게 지내는 중에 지금이 전염병과 전쟁 중이라는 사실을 깜빡했지 뭡니까? 양평 사람들은 그런 지각이 별로 없어 보였습니다. 언젠가 보았던 영화 '웰컴투 동막골'이 연상되었습니다. 아무튼 현실을 잊고 지낸 하루였습니다.

그런데 중요한 건 그곳에서도 '성애 로드'(road)가 있었다는 사실입니다. 아름드리에 30미터는 족히 되어 보이는 우람한 벚나무가 서로 마주해 있는 길이었습니다. 그리 긴 길은 아니지만 이런 풍경만 보면 절로 기분이 좋아집니다.
그래서 그런 곳은 죄다 성애 로드라 부릅니다. 그렇게 생겨난 성애 로드가 국내외에 이루 말할 수 없이 많습니다. 가끔은 제 아이들도 낯선 성애 로드를 소개해 주기도 합니다. 혹 그런 곳 보시고 얘기해 주시면 후사하겠습니다.

그런데 이걸 어쩌죠. 성애는 제 아내 이름입니다. 하하하...
힘들어하시는 여러분 웃으시라고 해본 얘기입니다. 후후후...
웃을 일 없으면 웃을거리라도 만들어야겠죠?

오늘 저녁 가족들과 함께 웃을거리 한번 만들어 보시죠. 저희 얘기를 안주 삼아도 좋습니다. 평안한 저녁 되십시오.
안뇽...

김강순 | 예쁜 곳을 보면 아내를 떠올리고 엄마를 떠올리는 모습이 아름다워요. 나의 숲, 나의 거리를 만들어 봐야겠어요.

김종석 | 목사님의 글을 읽으면서 한동안 보지 못한 자연의 아름다움을 눈을 감고 그려보았습니다. 그리고 오늘도 힘들어 죽겠다고 불평만 하던 모습을 반성하며 일상에서 웃을거리, 감사거리를 가족들과 함께 찾아보리라 다짐합니다.

다 뜻이 있으시겠지요

성애 로드
이런 풍경만 보면 절로 기분이 좋아집니다

벚꽃이 활짝 핀 풍경(경기도 광주)

3월 18일(수)

그리움은 신앙 마일리지로 쌓이고

배성태입니다.

연일 마음을 무겁게 하는 소식들이 가득한 요즘입니다. 그런 중에도 저는 성도님들께서 가끔씩 보내주시는 메시지들을 보면서 기쁨을 얻곤 합니다. 그리움들이 잔뜩 묻어 있어 더욱 그렇습니다. 대부분 성전과 성전예배와 사역과 성도들과의 교제에 대한 그리움들인데 그땐 이토록 절실하지 못했음을 새삼 깨닫게 된다는 얘기들입니다. 이런 그리움들이 신앙 마일리지로 쌓이지 않을까 하는 기대로 기뻐하고 있습니다. '사회적 거리두기'도 그리움 앞엔 맥을 쓰지 못하는 것 같습니다.

요즘 저희 내외는 '사회적 거리두기'라는 말로 종종 우스개를 합니다. 늘 하던 습관대로 곁에 있으면 우린 요즘도 용감하게 손을 잡습니다. 그때마다 아내는 '사회적 거리두기'라며 슬쩍 손을 빼는 시늉을 합니다만, 전 이게 우리의 사회적 거리두기라며 더 꼭 잡아줍니다. 그리곤 함께 웃습니다. 얼마 전 이런 노래를 들었습니다.

♬

우린 늙어가는 것이 아니라 익어가는 겁니다

♬

어쩌면 이렇게 예쁘게 표현을 했을까 싶었습니다.

익어가는 사랑, 그렇습니다. 이런 사랑을 해야겠습니다. 하나님께 뿐 아니라 우리 서로서로에게도... 이 기회에 그리움과 함께 익어가는 사랑을 훈련해야겠습니다. 우리가 예수님 안에서 하나님의 자녀 된 것이 보통 인연이 아니잖습니까?

빌립보교회 교우들을 향한 사도바울의 마음을 우리 안에 담아두면 좋겠습니다.
"그러므로 나의 사랑하고 사모하는 형제들, 나의 기쁨이요 면류관인 사랑하는 자들아 이와 같이 주안에 서라"(빌립보서 4:1)

어떻습니까? 이는 아마 빌립보교회의 분위기였을 것 같습니다.
우리를 한 형제자매 되게 하신 하나님께 감사드립니다.

사랑합니다.

다 뜻이 있으시겠지요

동서남북선교사역팀 사역('19.12.15)

표원식| 물리적인 거리는 멀어졌지만, 그리움이 쌓여 사랑하고 사모하는 마음의 거리는 더욱 가깝고도 애틋해지네요. 모두들 보고싶어요!!

심소정| 신랑 되신 예수님과 손 꼭 잡고 신앙적 거리를 유지하길 소망합니다♡

이찬복| 저희 부부의 사회적 거리 두기 반칙은 각자 짜장과 짬뽕을 주문해서 반쯤 먹다가 서로 그릇을 바꾸어 먹는 것입니다. 경악할 수도 있지만 부부라면 능히 할 수 있는 일입니다. 하나님과도 먹던 짜장면을 덜어 먹을수 있는 사이가 되기를 희망합니다.

3월 20일(금)
'코로나 블루'를 극복하는 방법들

배성태입니다.

맑고 밝은 아침입니다.
혹 '코로나 블루'라는 얘기 들어보셨나요?
이번 전염병으로 생긴 우울한 감정을 일컫는 말입니다. 하긴 우울해질 수밖에 없는 요즘 상황입니다. 뉴스 첫 머리는 언제나 이 얘기로 시작되고 그 때마다 '검진-확진-사망자'의 숫자가 자막에 뜹니다. 이를 보면서 내일은 또 어떻게 될까 마음을 졸이게 되죠.

더욱이 사회적 거리두기로 인해 친한 사람들조차 마주하기 꺼리게 되고 외출도 자유롭지 못하며 마스크 구입조차 어렵고 게다가 실물경제의 불안한 소식 등등... 이러다 코로나 블루가 전 국민적 체질이 되는 건 아닐까 염려됩니다. 그래서 웃음조차 민망한 요즘입니다.

어떻게 이를 극복할 수 있을까요?
이탈리아 사람들은 집안에서 음악을 듣거나 부부끼리 춤을 추고 때론 온 동네 사람들이 발코니에 나와 함께 떼창을 하며 삭인다고 합니다. 중국 우한 사람들은 도시가 봉쇄된 가운데서도 창문을 열고 때론 크게 쓴 글을 보여주며 서로를 격려하고 영국에선 '이건 심한 감기 정도야'라고 한답니다.

또 선행도 한 방편인 듯합니다. 며칠 전 어느 택배기사에게 수고한다며 요즘 구하기 힘들다는 마스크를 건넨 아주머니 얘기나 의료진들이 그렇습니다. 전국에서 대구로 몰려온 의료진들은 하나 같이 '내게 가장 힘들고 험한 일을 맡겨 달라'고 했다고 하니 이들에게 코로나 블루는 없을 듯합니다.

그러나 사람의 영이 기쁨으로 샘솟게 되는 것은 복음의 말씀입니다.(사도행전 8:4) '(복음의 말씀으로 인해) 그 성에 큰 기쁨이 있더라'(사도행전 8:8)고 했습니다.

오늘 새벽예배 말씀을 묵상하면서 제 안엔 큰 기쁨과 소망으로 가득 차 있습니다. 유튜브를 통해 이 말씀을 꼭 경청하셨으면 좋겠습니다. 그리고 오늘 새벽 중보기도한 내용도 기억해주십시오.

"대주재되신 하나님 아버지, 코로나19 바이러스가 부활절 이전에 종식되게 하옵소서. 그 옛날 출애굽 때 애굽에 돌림병과 악성 종기가 하나님의 은혜로 순식간에 사라진 것처럼 소멸되게 하옵소서(출애굽기 9:1-12). 4월12일 부활절에는 전 세계 모든 하나님의 백성이 교회에 모여 부활절 예배를 드리게 하옵소서."

오늘도 주님 안에서 승리하시길 바랍니다.

다 뜻이 있으시겠지요

부활절 교회마당 음식 나누기('19.4.21)

다함께 이겨내요!
코로나19 아웃!

<hr />

서혜경| 아멘, 아멘입니다! 어둠 가운데 빛 되셨던 예수님처럼.... 저도 제 자리에서 할 수 있는 선한 일을 찾고 행하겠습니다.

권시화| 우리 서로 받은 그 기쁨은 알 사람이 없도. 오늘의 편지를 읽고 있으니 이 찬양이 떠오르네요~ 목사님도 힘내세요.

3월 21일(토)

익숙해지면 안 되는데

잘 지내셨죠?
배성태입니다.

금주는 여느 때보다 시간이 빠르게 지나간 듯합니다. 점점 익숙해져서일까요? 아니 얼마 됐다고 익숙해지다니요? 익숙해지면 편해지고 편하게 느껴지는 순간 습관이 되는 건데... 저도 저지만 교우 여러분도 걱정입니다. 주님의 날 가족들과 함께 예배드리시며 '어 이것도 괜찮은데'라며 '집콕'하시는 거 익숙해지시면 절대 절대 안 됩니다.

사실 우모하비전센터가 완공되면 온 가족이 함께 예배하는 주일예배를 몇 차례 기획하고 있는 중이었는데 전혀 뜻밖의 응답을 받게 된 것입니다. 종려주일엔 빨간색 스카프, 부활주일엔 하얀색 스카프가 세탁되어 주인을 기다리고 있는데 말입니다.

주일 준비되셨습니까?
성심의 예배되시기 바랍니다.

내일 뵙겠습니다.

샬롬.

진성구| 건강한 습관은 쌓기 어렵지만 편한 것에는 너무나 쉽게 길들여지는 인간의 본성을 봅니다. 저를 기다리는 예배당으로 교회로 공동체로 다시 돌아갈 날을 손꼽아 기다려봅니다.

김나영a| 몸은 익숙해져가지만, 어른예배를 함께 드리며 몸을 비비 꼬는 아이들을 보면 다행이도(?) 마음은 도통 익숙해지지 않습니다. 주일학교에서 주는 미션을 함께 해가는 것으로 우리 아이들의 믿음을 붙들어 줄 수 있을까요? 신앙교사로서의 부모 역할을 절감하며 고민이 깊어집니다.

다 뜻이 있으시겠지요

유치팀 예배('19.12.8)

3월 24일(화)

세계가 운명공동체임을 실감하며

배성태입니다.

별고 없으시지요?
뵐 때 까지 정말 별고 없으셔야 합니다.

요즘 제게 크게 와 닿는 말씀이 있습니다. '천지의 대주재이신 하나님'(사도행전
4:24)입니다. 이 말씀으로 인해 희망이 생기고 시선을 오롯이 하나님께로 향하게
됩니다.

이번 코로나19로 인해 세계가 한 운명체라는 사실을 알게 되면서부터 이 말씀이 더욱
간절해졌습니다. 그러면서 우리나라만 아니라 세계를 위해 기도해야겠다는 마음이
생겼습니다.

사실 세계를 정치, 군사적 시각으로 볼 때 만해도 그러려니 했습니다. 그런데 이번의
사태로 세계 경제가 하나로 엮여 돌아간다는 것을 보면서 운명공동체임을 실감하게
됐습니다. 모두들 처음엔 내 나라만 안전하면 될 줄 알았습니다. 그래서 내 나라
문빗장을 걸어 잠그고 오고가지 않으면 될 줄 알았습니다. 그런데 세계 모든 나라가
이를 단행하게 되면서 상황은 달라졌습니다. 만일 이대로 몇 개월만 지속되면 세계
경제가 멈춰설 것 같습니다. 자급자족이 되는 나라는 그런대로 버틸 것입니다만 과연
그런 나라가 얼마나 되겠습니까? 우리나라는? 만일 만일입니다만 정말 이렇게
된다면 세상은 어떻게 될까요? 지금의 풍요와 편리함을 누릴 수 있을 것 같습니까?
더 이상은 상상하고 싶지가 않습니다.

그러므로 하나님께서 천지의 대주재이심을 아는 사람이라면 세계를 위해 하나님께
기도해야 합니다. '주님의 피조물들에게 긍휼을 베풀어 주옵소서' 이에 대해
약속하신 바가 있으십니다. "내 이름으로 일컫는 내 백성이 그들의 악한 길에서 떠나
스스로 낮추고 기도하여 내 얼굴을 찾으면 내가 하늘에서 듣고 그들의 죄를 사하고
그들의 땅을 고칠지라"(역대하 7:14)

명선가족 여러분, 지금은 기도할 때입니다. 기도가 일이 되어야 합니다.
기댈 곳은 하나님뿐이기 때문입니다.
주님 안에서 평안을 빕니다.

Love God Love People!

다 뜻이 있으시겠지요

우모하비전센터 옥상 성경기 게양식('20.6.5)

진경실 | 양은 어리석고 둔하며 눈도 어두워서 갈 곳을 잘 잃고 한번 쓰러지면 잘 일어서지 못한다는 것을 말씀하실 때 저의 모습인 것 같았습니다. 그렇지만 그동안 하나님 말씀으로 양육해 주셨기에 비틀거리지만 길을 잃지 않고 가고 있습니다. 정겨운 교회 마당, 보고 싶은 목사님과 교회 식구들이 더욱 그리운 하루입니다.

허상구 | 코로나로 인해 온 나라가 멈추어 선듯하고 모든사람들이 만남자체를 꺼려하고 있음이 안타까운 현실입니다.지금껏 제 삶도 여러가지 고난과 역경이 있었지만 부족하나마 지금의 모습으로 있게 됨은 모두 하나님의 은혜요.보살핌이 있었기에 가능하였으리라 여겨집니다."이또한 지나가리라"는 말씀처럼 모든것이 합력하여 선을 이루게 될줄 믿고 우리 성도는 목사님의 말씀처럼 기도에 매진해야 겠습니다. Love God Love People!

3월 26일(목)

아나니아의 제자다움과 믿음의 안경

배성태입니다.

제 아내 친구의 다섯 살 배기 손녀가 어느 날 친구에게 이러더랍니다. '할머니 하루가 너무 짧아 놀이터에도 가야하고 할머니하고 놀고도 싶은데 시간이 너무 빨리 가...' 세월이 빠르다는 건 애나 어른이나 똑같은가 봅니다. 가는 세월 붙잡을 수도 비껴갈 수도 묻혀 갈 수는 더욱 없으니 주도해가는 법을 배워야했습니다.

요근래 교우들로부터 받은 몇 통의 편지를 통해 이를 배울 수 있었습니다. 제가 휴대폰이 없다보니 종종 이런 보너스를 챙기게 됩니다만 두툼한 편지 속엔 숱한 그리움과 함께 믿음 소망 사랑으로 꽉 채워져 있었습니다. 그렇게 지금의 고난마저도 삼키는 듯했습니다. 그렇죠. 그렇게 살아내는 것입니다. 그래야 삶을 노래할 수 있는 것입니다.

오늘 새벽예배 땐 멋진 크리스천 한 분을 만났습니다. 아나니아라는 제자였는데 거기서 제자다움이 어떤 것인지를 제대로 볼 수 있었습니다. 뜨거운 마음에 말씀을 전하다보니 평소보다 5분이나 길어지고 말았습니다. 꼭 챙겨보시길 바랍니다.

오늘도 좋은 날입니다. 믿음의 안경을 쓰고 세상을 대하면 모든 것이 합력하여 선을 이루어감을 보게 될 것입니다.
복된 하루 되세요.

샬롬.

송이범| 샬롬! 목사님~ 목사님 서신을 받아보니 매일 주도의 삶을 사는 아내와 딸이 생각나네요. 주님의 아들로 일상에 감사하며 믿음과 주도의 삶을 살아가겠다는 다짐을 해봅니다. 아멘.

조현용| 보내주시는 편지를 조용히 앉아 천천히 곱씹으면서 읽었습니다. 마음이 따뜻해지고, 그리움이 더욱 커지네요. 사랑이 깊어가는 만큼 밝은 미소를 마주하는 날을 기대하고 있습니다.

다 뜻이 있으시겠지요

가는 세월

붙잡을 수도 비켜갈 수도 묻혀 갈 수는 더욱 없으니
주도해가는 법을 배워야했습니다

3월 27일(금)

모임 중단을 재연장하며

담임목사 배성태입니다.

어제 늦은 오후부터 내린 봄비가 대지를 촉촉이 적셨습니다. 이는 오늘 아침 흐린 날씨와 함께 피어난 꽃들을 더 도드라지게 합니다. 목양실 창밖으로 보이는 목련은 경건해 보이기조차 합니다. 화창해야만 아름다운 것이 아님을 새삼 깨닫습니다. 그러면서 우리 역시 지금 겪는 고난을 통해 더 아름답게 다듬어질 것이라 기대해 보았습니다.

오늘 새벽엔 장로님들과 함께 예배했습니다. 다들 무탈하셔서 감사했고 마스크 위로 보이는 눈빛으로 사모하는 마음을 읽을 수 있었습니다. 그리고 중요한 것 하나를 결정했습니다. 교회에서의 모임 중단을 4월 11일(토)까지 재연장하기로 했습니다. 하지만 4월 12일 부활주일에는 죽음에서 부활하셨던 예수님처럼 전 세계 모든 사람들이 전염병의 긴 터널을 벗어났으면 좋겠습니다. 나아가 우리의 예배도 회복되길 소망합니다.

그리고 오늘과 내일 순장님을 통해 주보와 4월 밤참과 4월 우모하기도운동 제목을 보내드리겠습니다. 늘 평안하시길 기도드립니다.

김지혜a| 처음 온라인 예배에서 텅 빈 본당을 보았을 때의 먹먹함이 4월 12일 부활주일에는 더 큰 감동과 감사로 다가올 것을 기대합니다. 소중함을 깨닫지 못했던 예배뿐만 아니라 교회마당, 교육관, 까페...새장과 계단까지도 너무 그립습니다.

권선숙| 어쩔수 밖에 없는 상황인 것은 알지만 다시 재연장했다니 안타깝습니다 하루 속히 코로나가 소멸되어 함께 예배할수 있기를소망하며 기도합니다.

다 뜻이 있으시겠지요

코로나19 기간 중 임시당회(’20.3.27)

3월 28일(토)

묵은 땅 갈아엎기와 리셋

배성태입니다.

그제 서울로 가는 길에 경부고속도로 톨게이트 위에 걸려 있는 현수막을 보는 순간 긴한숨이 나왔습니다. '코리아는 코로나를 이깁니다' 의도는 알겠지만 굳이 이런 내용을 써야했나 싶었습니다. 왜냐면 한 달 전쯤 우리나라에 전염병 확진자가 기하급수적으로 늘어갈 때 베트남을 비롯해 동남아 여러 나라와 유럽 등 북미에서 우리 한국인을 경계하고 경멸하며 한 말이 '코리아 코로나'였습니다. 마치 우리가 코로나 바이러스 사태의 진원지라도 되는 듯, 마치 더러운 물건을 대하듯 했습니다. 중국 우한은 온데간데 없이 말이죠. 그런데 이런 현수막이라니... 예로부터 '지나치면 모자람보다 못하다'고 했습니다. 그러나 어떻게든 우린 서로를 격려하고 세워주며 함께 난관을 헤쳐갈 지혜를 모아야겠습니다.

더불어 이번 전염병은 우리의 삶과 의식과 제도를 전반적으로 새롭게 재조명 해줄 기회가 될 수도 있겠다 싶습니다. "너희가 자기를 위하여 공의를 심고 인애를 거두라 너희 묵은 땅을 기경하라 지금이 곧 여호와를 찾을 때니 마침내 여호와께서 오사 공의를 비처럼 너희에게 내리시리라"(호세아 10:12) 하셨기 때문입니다. '묵은 땅을 기경하라' 하셨습니다. 그중에서도 우리에게 부족했던 것이 '공의와 인애'가 아니었나 싶습니다.

이는 인간사회의 근본적인 것임에도 불구하고 우린 그러질 못했습니다. 요란했지만 실속은 없었고 대부분 자기중심적이었습니다. 그렇습니다. 이 묵은 땅을 갈아엎어야 겠습니다. 좀 늦어지면 어떻습니까? 제대로 갈 수만 있다면 선택의 여지가 없지 않겠습니까? 우리가 이렇게 스스로를 리셋한다면 하나님의 은혜의 단비를 듬뿍 맞을 수도 있을 것 같습니다.

우리가 행할 인애 중 하나를 추천하려 합니다. 요즘 어렵지 않는 이가 없을 테지만 그중에서도 소상공인들의 어려움이 매우 큰 듯합니다. 우리 교우들 중에도 소상공인들이 많습니다. 기도해주시고 찾아봐주셨으면 해서 링크해두었습니다. http://bitly.kr/KWEDBh7D "너희가 짐을 서로지라 그리하여 그리스도의 법을 성취하라"(갈라디아서 6:2) 하셨습니다.

내일 예배 중에 뵙겠습니다.

샬롬.

다 뜻이 있으시겠지요

져 주시는 하나님 조각상 설치 기념(10.7.11 주일)

져 주시는 하나님 조각상 설치기념('10.7.11)

부활절 교회마당 음식 나누기('19.4.21)

고혜영| 네~ 목사님 '공의와 인애'의 좋은 실천방법 알려주셔서 감사합니다. 하나님 앞에서 저를 돌아보며 기경하여 스스로를 리셋하는 시간 가져볼게요. 또 주변 순 식구들에게 안부도 묻고 저희 집 주변 우리 교우 사업장에도 어서 가봐야겠네요.~^^

박정숙b| 이 혼돈의 시기에 경직되고 무감각해진 묵은 땅을 일궈 영을 새롭게 회복시키는 기회를 갖고자 합니다. 매주 서신을 통해 성도들과 소통하시고 새 힘주시는 목사님, 감사드립니다.

이선영| 하나님께서 우리를 그렇게 세워가셨듯, 사랑으로 서로를 다독이는 오늘이 되었으면 좋겠습니다.

3월 31일(화)

고넬료의 경건, 지금의 나는?

배성태입니다.

새벽예배 때 사도행전의 말씀을 묵상하면서
옛 성도들의 모습을 추억하고 있습니다. 베드로, 요한, 마리아, 바나바, 스데반, 빌립,
구스의 내시, 사울, 아나니아(사도행전 9:12), 다비다 그리고 오늘 아침에 본 고넬료,
모두 복음의 삶을 치열하게 살아낸 분들입니다.

묵상하면서 늘 부끄러움과 다짐이 교차하곤 합니다. 그분들은 오늘 우리의 상황과는
비교도 안 될 만큼 눈치 볼 것이 많고 위협이 끊이지 않았음에도 조금도 위축되지
않았기 때문입니다. 하긴 '죽으면 죽으리라'는 사람을 누가 이길 수 있겠습니까?
그렇게 예루살렘과 유대와 갈릴리와 사마리아 다메섹교회는 든든히 서 갔고, 주를
경외함과 성령의 위로로 부흥의 부흥을 거듭해 갔습니다. 그리고 오늘에 이르게
됐습니다.

그런데 이중 고넬료는 이들과는 다른 돌감람나무 부류의 사람이었습니다.
로마군의 장교였습니다. 그는 점령군으로 가이사랴에서 치안을 담당하고 있었습니
다. 제국주의에서 군인의 위세는 그 누구보다 셉니다. 게다가 한 도시의 치안책임자
입니다. 호사를 누리자면 끝도 없을 것입니다.

그런데 그는 군림하거나 육욕적이지 않았고 유대 땅에 온 후 그의 가족들과 함께
하나님을 경외하기로 마음먹었던 것입니다. 그는 유대교인들보다 더 경건한 삶을
살았는데 경건했고 백성을 많이 구제하고 항상 기도하는 사람이었습니다. 이런 그를
하나님께서 귀히 여기시고는 주의 사자를 보내 치하해주셨습니다. "네 기도와
구제가 내 앞에 상달되어 기억한 바 되었다"(사도행전 10:4) 하시며 그를 축복의
통로로 사용하시었습니다.

이를 보면서 '지금 나는 하나님께 어떤 사람으로 기억되고 있을까'를 생각해 보았
습니다.
축복의 그릇으로 준비되는 날들이 되었으면 좋겠습니다.

샬롬.

다 뜻이 있으시겠지요

제1교육관 철거 투어 ('19.1.27)

김승경| 예전과 다른 일상, 염려되는 내일에 감사보다 걱정하며 지냈던 것 같습니다. 말씀 속 고넬료의 삶이 도전이 됩니다. 축복의 그릇이 되길 소망하며 힘내어 살겠습니다. 샬롬!

안경자| '나는 지금 하나님께 어떤 사람으로 기억되고 있을까?' 날마다 이 말씀을 생각하며 주님 앞에 섰을때 "내가 너를 안다"라는 주의음성 듣기를 소망합니다. 나의 입술의 모든 말과 나의 마음의 묵상이 주께 열납되기를...날마다 살아내고 싶습니다. 감사합니다.

김송희| 경건한 삶과 호사를 누리는 삶 중에 경건한 삶의 가치를 알고 지속할 수 있는 사람은 흔치 않을 것이다. 내 마음이 주님 외에 너무 많은 것들로 채워진 건 아닌지 점검해본다.

4월 2일(목)
새벽예배 시작기도문

하나님 아버지 감사합니다.

오늘도 깨어 일어나 주님을 향한 저희들의
예배를 받으시옵고, 우리의 심령이 주님의
은혜로 새롭게, 강건하게, 소망 안에 거할 수
있게 하시옵소서.

교회의 머리이신 자비로우신 주님
주님의 백성들이 예배당에 함께 모여 예배하지 못한 것이 벌써 한 달이
훌쩍 지나고 있습니다.
세상은 먹잇감을 바라보듯 교회를 바라보며 우리의
행동을 주시하고 있습니다.
자비로우신 주님, 저희는 오직 주님만을 바라보고 의지하며 하나님의 선하신
뜻이 저희를 통해, 교회를 통해 세상 가운데에 아름답고 온전하게 드러나기를
간절히 기도합니다.

힘들고 어려운 시대에 초대교회의 성도들은 우리보다도 훨씬 처절한 상황속에
서도 담대히 주를 말하며, 하나님의 나라가 교회를 통해 확장되어 갔던 아름
다운 역사적 사실을 저희들이 보면서 환경을 넘어 역사하시는 주님의 은총을
이 시대에 주님의 교회들 위에 내려주시기를 간절히 원합니다.

주님의 백성들을 담대하게 하사 믿음 안에 더욱 정결하게 하시고 새롭고
강하게 하시며, 하나님의 몸된 교회들에도 주의 영으로 충만하게 하시며, 천군
천사 보내시어 지켜주시고, 한 교회도 한 성도도 어려움에 처하지 않도록 도와
주시며 하나님의 영광의 아름다운 도구들로 쓰여지게 하옵소서.

이 아침에도 저희들은 이와 같은 내용으로 주님 앞에 간구하였사오니
저희들의 기도가 주님께 열납된 줄로 믿습니다.

주님, 우리들이 흩어진 곳에서 저희들은 이 곳에서 하나님을 예배합니다.
저희들의 예배를 받으시고 예배하는 곳마다 주님의 성소가
되게 하여 주시옵소서.

예수님의 귀하신 이름으로 기도하옵나이다. 아멘.

- 배성태 목사 -

4월

송구합니다, 감사합니다

그러므로 나는 아직 살아있는 산 자들 보다
죽은 지 오랜 죽은 자들을 더 복되다 하였으며
[전도서 4장 2절]

4월 2일(목)

스스로 봄 길이 되고 사랑이 되어

잘 지내고 계시죠?
배성태입니다.

교회 마당의 목련이 만개했습니다.
다른 곳보다 좀 늦은 감은 있지만 꽃송이는 예년과 달리 큼직큼직합니다. 더욱이
백목련과 자목련이 고만고만 어우러져 있는 것이 마음마저 푸근하게 합니다.
지나가는 이마다 발걸음을 멈추고 연신 사진을 찍습니다. 잠시나마 전염병 상황임을
잊게 해줍니다.

우모하비전센터 옥상에 올라 경희대 뒷산을 바라봤습니다. 거기에도 초록의 향연이
막 시작되고 있었습니다. 시절을 따라 변화를 더해가는 자연이 그리 부러울 수가
없습니다. 이는 창조의 섭리를 거스르는 인간과 달리 순응하기 때문이리라 생각됩
니다. 그러나 넘어지지 않고는 일어서는 법을 배울 수 없듯이 잘만하면 우리에게도
이번 전염병사태는 약이 되리라 생각합니다.

이와 관련하여 금주 일간신문에는 여러 곳에서 올린 격려 광고들이 눈에 띄었습니다.
'봄이 오면 꽃이 핀다'는 LG그룹의 광고, '사랑해요 우리 대한민국. It's okay with
Jesus Korea'라는 한국교회의 국민응원 프로젝트, '대한민국은 이길 수 있습니다'는
하나금융그룹, 그리고 정호승 시인의 '봄길'을 광고로 실은 KB국민은행도 있었
습니다.
이런 내용입니다.

길이 끝나는 곳에서도
길이 있다
길이 끝나는 곳에서도
길이 되는 사람이 있다
스스로 봄길이 되어
끝없이 걸어가는 사람이 있다
강물은 흐르다가 멈추고
새들은 날아가 돌아오지 않고
하늘과 땅 사이의 모든 꽃잎은 흩어져도...
보라
사랑이 끝난 곳에서도
사랑으로 남아 있는 사람이 있다

송구합니다, 감사합니다

스스로 사랑이 되어
한없이 봄길을 걸어가는 사람이 있다

그래요. 대주재이신 하나님을 믿고 뭐든 좋게 생각합시다. 좋게 해주실 것입니다.
이렇게 오늘도 하루가 저물어갑니다.

샬롬.

임형난| 길이 보이지 않아 막막할 때, 하나님만 바라보며 기도할 때가 많았습니다. 과거도
그랬고, 현재도, 미래도 그럴 것입니다. 내가 선택할 수 있는 것이 아니라, 하나님의
인도하심이 그 길일 것입니다. 코로나도 하나님의 주권 아래 있을 것이고, 나는 오늘도 기도
외에 할 수 있는 것이 없습니다. 우리의 중심에 주님만 믿고 의지한다면, 좋으신 하나님이
때가 되면 더 큰 감동의 우리의 간증의 주인공이 되실 것으로 믿습니다.

정선영| 지쳐 있는 시간 문자 알림이 울립니다. 반가운 이름 배성태목사님께서 매번 잊지
않고 지속적으로 보내주시는 문자 글을 보면서 마음으로 감사했습니다. 글 말씀도 좋았지만
저희를 잊지 않고 매번 찾아주시고 생각해 주시는 목사님이 계셔서 외롭지가 않았습니다.
목사님의 글귀 하나하나 마음을 울립니다.

노숙자 숙소인 러브 피플 하우스 개관 예배('16.1.17)

4월 4일(토)

주님, 송구합니다

배성태입니다.

한 주간이 금세 지나고 말았습니다.
그리움과 기다림의 시간이라 그런 걸까요?

지난 주와 금주엔 교우들이 제법 교회를 다녀갔었습니다. 아이워십을 챙기러 오신 겁니다. 이곳저곳에서 반가움에 자지러지는 소리, 빵 터지는 웃음소리, 건네는 얘기소리들... 정말 그리운 모습들이었습니다. 그것 보고 듣는 것만으로도 피곤이 다 가셨습니다.

그리움은 교우 여러분도 마찬가지일 듯합니다. 하여 어제 오늘 주보와 나라지를 순장님들을 통해 나눠드렸습니다. 받으셨는지요? 이참에 나라지를 꾸미고 나르느라 애쓰신 여러분, 그리고 아이워십을 집필해주신 형제자매님들께 감사드립니다. 아이워십은 발행된 지 10년, 나라지는 이제 곧 100호를 앞두고 있습니다. 이 또한 우리의 역사가 되었습니다. 늘 그렇듯 이를 볼 때마다 뿌듯하고 큰 감동이 아닐 수 없습니다.

다음 주는 사순절 마지막 고난주간입니다.
'모든 무거운 것과 얽매이기 쉬운 죄를 벗어버리고 인내로써 우리 앞에 당한 경주를 하며, 믿음의 주요 또 온전하게 하시는 이인 예수님을 바라보자'(히브리서 12:1-2) 하셨습니다. 그리고 부활절, 함께 모여 주님을 경배해야겠는데... 송구한 마음 금할 길이 없습니다.

평안한 저녁 되십시오.
내일 영상으로 드리는 예배 때 뵙겠습니다.

송구합니다, 감사합니다

이경옥| 주님을 닮아 끝없이 성도들을 사랑하시는 우리 목사님은 사랑덩어리~ 우리를 향한 하나님의 열심은 절대 쉬지 않듯 성도들을 향한 목사님의 열심도 결코 쉬지 않으심~ 오늘도 돌보시고 지켜주시는 주님의 날개 그늘 아래 평강을 얻습니다.

유미선| 고난 주간 아이워십과 나라지의 소식을 들으니 너무 반갑고 기쁩니다. 지금의 그리움, 기다림도 먼 훗날 명선의 역사로 열매 맺길 소망합니다. 목회서신을 통해 하나님 아버지를 바라보며 힘을 얻습니다. 감사합니다.

한재휘| 하나님의 섭리는 우리의 눈과 머리로는 따라갈 수 없고 시간이 지나 뒤돌아보면 하나님의 무한하신 은혜의 흔적들이 남아 있을 것이라 믿습니다. 코로나로 지쳐 있는 마음에 작은 위로를 주셔서 감사합니다.

4월 7일(화)

안식년, 쉼과 성장의 기회

평안하시죠?
배성태입니다.

연일 계속되는 화창한 봄날입니다. 주말엔 이동인구가 1,400만 명이나 되었다니 이렇게 기분 좋은 날의 유혹을 떨치기 어려웠나 봅니다. 하긴 답답하기도 했을 것입니다. 그러나 조금만 눈을 돌려 주변의 벚꽃 목련 개나리를 보는 것도 그에 못지않은 즐거움일 겁니다. 오늘은 밤하늘의 달을 올려다보십시오.
슈퍼문(Super Moon)이 뜬답니다. 그리고 다음 주일은 부활주일, 주님의 부활은 세상 그 어떤 것과도 비교할 수 없는 기쁨이니 늘 주님을 묵상하므로 기쁨 중에 거하시기 바랍니다.

그런데 한 가지 송구한 일이 생겼습니다. 예정대로라면 부활주일부터 교회에서 예배를 드리려 했습니다만 코로나19에 대한 경계가 한층 격상되어 공예배 모임 중단을 4월 말 까지 재연장하기로 했습니다. 그러나 이미 세 차례 연장을 했었기에 또 어떻게 알려야 하나라는 생각에 많은 고민이 되었습니다.

하지만 안식년이 조금 더 연장되었다고 생각합시다. 아시지 않습니까? 안식년은 쉼과 성장과 새로운 시작을 위한 기회라는 것을. 그리고 하나님에 대한 소망을 더욱 견고히 하도록 합시다. 이는 '영혼의 닻 같은 것이라'(히브리서 6:9) 하셨습니다. 영혼의 닻, 그래서 하나님께 둥지를 튼 우리는 안전한 것입니다.

샬롬.

송구합니다, 감사합니다

김수진| 우리 집 둘째(윤솔이)가 5살 때 그 작은 입에서 평안이라는 단어를 늘상 사용했는데, 그 뜻을 알까 싶어 어느 날 딸 아이에게 평안의 뜻을 물어봤습니다. "솔아 평안이 뭐야?" "엄마 그건 마음에 기쁨이 가득 넘치는 거지~!" 순간 머릿속이 띠용! 간단명료한 아이의 대답에 무릎을 탁! 쳤습니다. 목사님이 보내주시는 평안하시죠? 라는 물음에 윤솔이의 대답처럼 늘 기쁨으로 가득찬 삶을 살아내는 것이 크리스천의 삶일 것입니다. 오늘도 내일도 우리의 삶이 평안하길 두 손 모아 기도합니다.

김수연C| 샬롬 이 모든 것이 주님 주관하시는 일이시니 답답하지만 참고 견디어보려 합니다. 빨리 이 시간이 지나가고 피해가 크지 않기를 바랍니다 슈퍼 문이 뜬다니 주님 크신 사랑 달빛같이 구석구석 우리에게 스며들 줄 믿습니다.

이민경| 가지 못해 알 수 없던 교회의 상황과 모습들을 들을 수 있음에 너무 감사합니다. 목사님의 음성이 들리는 것 같아 교회가 더 생각나고 가고 싶네요. 빨리 전과 같은 일상으로 돌아갈 수 있길 기도합니다.

4월 9일(목)

신앙여정의 복된 흔적들

배성태입니다.

그저께 슈퍼문을 보셨습니까?
저는 교회 마당에서 올려다봤는데 참 푸근하게 보였습니다. 달빛을 받은 우모하비전센터는 또 다른 빛을 비추고 있었습니다. 그곳에 갈 때마다 참 빛 되신 주님을 드러내는 곳이 되길 기도하곤 합니다.

교회에서 만난 한 젊은이가 물었습니다. '우모하비전센터 현장에 하루 몇 번이나 가십니까?' '응 두 번' 이제 또 만남이 있어서 올라가보아야 합니다. 갈 때마다 달라져가는 모습, 다듬어져가는 모습을 보며 하나님께 감사드립니다. 그리고 기도와 물질로 함께 해주시는 교우 여러분께도 감사드리고 있습니다. 작가들은 자신의 작품을 자식이라고 합니다만 우모하비전센터 역시 우리 신앙여정의 복된 흔적이 될 것입니다.

금주에는 실내 인테리어를 비롯해 뒷마당을 정리하고 전기, 가스, 관로공사를 하는 중에 있습니다. 이처럼 매일 각 분야의 전문가들 수십 명이 모여 자기의 자리에서 서로 다른 일을 하는데 점차 규모를 갖추어가는 것을 보면 경이로움마저 느끼게 됩니다. 새삼 '내게 주어진 일에 성심을 다한다는 것의 중요함'을 깨닫습니다.

그러면서 주님의 지체된 우리를 돌아보게 됩니다. 우리에겐 사역의 전문성이 있는가? 자기 일에 확신이 있는가? 연합하여 주님의 몸 된 교회를 세워가고 있는가 등등입니다. 이를 위해 우선 되는 것은 '자기 사람을 사랑하시되 끝까지 사랑하시는' (요한복음 13:1) 주님의 사랑을 맛보고 이 사랑에 물드는 것입니다.

오늘은 성목요일 성만찬과 세족식이 있었던 날, 주님의 이 사랑을 기억하는 날입니다. 복된 시간 되십시오.

샬롬.

성세웅| 사랑하시되 끝까지 사랑하시는 주님의 은혜에 감사합니다.
그 사랑에 푹 적셔져 교회의 머리 되신 주님의 몸된 지체들로 충만하고 우모하의 비전이 그 사랑 안에서 이뤄지기를 기도합니다

송구합니다, 감사합니다

우모하비전센터

우리 신앙여정의 복된 흔적이 될 것입니다

건축위원회 건축사사무소 방문 ('18.9.7)

우모하비전센터 건축 교회풍경 ('20.5.20)

4월 11일(토)

천국행 열차에도 지각하시겠습니까

담임목사 배성태입니다.

오늘은 사순절의 끝 날입니다. 코로나19가 겹쳐 고난의 시간을 보냈습니다.
그리고 내일은 부활주일, 이 영광의 날 함께 모여 예배할 수 없음이 퍽 유감이지만 그 어느 때보다 감격스런 예배가 되길 간절히 기도하고 있습니다. 이를 위해 오늘 아침 교역자 모임에서 여러 가지 논의가 있었습니다.

얘기를 나누던 중에 영상으로 드리는 예배에도 1/3 정도의 성도들께서 예배 시작 시간이 지나 접속하신다는 얘기를 듣고 설마 했습니다. 왜냐면 평소 2부, 3부, 4부 예배 때도 비슷한 양상이어서 하나님께 많이 송구해하고 있었거든요.
그런데... 1/3 성도님들, 이번 부활주일부터 제발... 어떻게 좀 해보심이 어떠실는 지요.^^

그리고 금주에는 과제도 하나 있습니다.
우리 가정을 부활절 장식으로 꾸며보는 것입니다. 후에 인증샷을 하셔서 담당교역자 들께 보내주시기 바랍니다. 영원한 생명을 주신 주님의 은혜를 이처럼 '경축하고 감사 하는 것'도 의미 있을 것 같습니다.

오늘도 순장님들께서 주보를 전달해 드릴 텐데 교회 내음 맡으셨으면 합니다.
복된 부활주일 되십시오.

샬롬.

송구합니다, 감사합니다

매월 말 토요일 밤참가족모임 ('19.6.29)

교역자들이 한 자리에 ('16.6.25)

김민정b| "하나님의 증거를 믿고, 그 믿음이 눈으로 하나님만 바라길 원합니다. 주님만을 사랑하며 주시는 믿음 안에서 거룩한 예배자이길 소원합니다."

이나연| 예배의 장소가 달라져도 예배드릴 때의 마음은 그대로라는 스스로의 생각에, 집에서 잠옷 차림으로 세수만 하고 드려도 괜찮다고 여길 때가 많습니다. 그런 모습으로 찬양하고 기도하다 눈물 콧물 흘릴 때는 원 없이 울 수 있어 좋습니다. 하지만 집에서도 예배당에서처럼 말끔한 모습이라면 더 좋겠다는 생각이 점점 듭니다.^^
부활절 계란을 삶고 온가족이 부활절 의미를 담은 그림을 그렸습니다. 가족이 하나 되게 만드는 문화가 있다는 것, 그 문화가 세상 유행을 따르는 것이 아니라 마음을 바로 세우고 경건하게 하는 문화라는 사실에 자부심을 가집니다. 하나님 보시기에도 우리 가정이 자랑스러운 가정이길 소망합니다.

4월 12일(일)

교회 주차장 차 안에서 드린 예배

배성태입니다.

3부 예배 후 초등2팀의 한 아이가 목양실엘 왔습니다. 아이는 'Happy Easter'라며 반갑게 인사를 하곤 이 글이 쓰인 달걀 두 개를 내밀었습니다. "만들다 깨진 건 가족들이 먹고 성한 것만 가져왔어요"라며 또 여러 개를 내미는 겁니다. 그리고는 엄마 아빠와 함께 예배당 주차장 차 안에서 예배드렸다는 겁니다. 아이의 언행이 얼마나 곱고 바르고 예쁘던지 내 딸 했으면 싶었습니다.

그리고 여러 교우들께서 떡, 빵, 약밥, 달걀 한 소쿠리, 카푸치노까지… 모두 情이 녹아 있는 먹음직스러운 것들을 놓고 가셨습니다. 불현듯 그릿 시냇가의 엘리야가 생각났습니다.(열왕기상 17:6) 하하하~ 지금도 먹는 걸 이렇게 좋아하는 걸 보면 '살아있구나' 싶습니다. 해피한 주일입니다.

이제 2주만 참고 기다리면 늘 해피한 주일을 맞을 듯합니다. 믿음의 가족들이 한자리에 모여 아버지 하나님을 경배하는 것이 우리의 행복이니까요. 아시잖습니까, 이 찬송.

♫
사랑하는 주님 앞에 형제자매 한 자리에
크신 은혜 생각하며 즐거운 찬송 부르네.
내 주 예수 본을 받아 모든 사람 내 몸 같이
환난 근심 위로하고 진심으로 사랑하세
♫

어서 어서 이 날이 다가왔으면 싶습니다.
어렸을 적 명절을 기다리던 마음입니다.
우리 함께 기도하며 기대합시다.

"Happy Easter!"

2020년 4월 12일 부활주일에

송구합니다, 감사합니다

사역자 헌신예배(주일 저녁 '19.12.8)

우리의 행복
한자리에 모여 아버지 하나님을 경배하는 것

김미영| 아름다운 마음들이 모여서 우리 함께 나누며~~ 라는 찬양이 생각납니다 특별한 추억의 부활절이 되었네요.

김효정| '제발...어떻게 좀 해보심···' 문장을 끝까지 읽지 않아도 느껴지는 목사님의 마음. 답답함과 간절함. 이날, 문자를 받고 나도 모르게 튀어나온 말이 있다. "목사님이 오죽했으면 '제발'이라는 단어를 사용하셨을까.."

4월 14일(화)

한 사람이면 패하겠거니와 두 사람이면 맞설 수 있나니

담임목사 배성태입니다.

오늘도 교우 여러분들의 얼굴을 떠올리며 사진수첩을 보면서 편지를 씁니다.
친구보다 친척보다 여러분은 제게 가장 가까운 가족입니다. 생각할 때마다 그리 기쁠
수가 없습니다. 사랑합니다. 그리고 축복합니다.

금주 부활주일은 잘 보내셨지요?
보내주신 부활주일 데코레이션 잘 봤습니다. 가정 분위기 느낌 팍 왔습니다. 그리고
부활주일 영상 중 권오현 목사님의 퍼포먼스 보셨습니까? '도마(Thomas)-도마'
이렇게도 조합이 되는구나 싶었습니다. 예수님의 제자 도마를 연기하면서 도마를
들고 나온 겁니다.

그런데 말입니다. 이 도마가 우리 교회의 여성발명가 이정미 자매님의 특허제품 이었
던 모양입니다. 주일 오후에 자매님이 간접광고(?)에 고맙다며 교회에 들렀습니다.
그리고는 권 목사님의 도마를 업그레이드 된 신제품으로 교환해드리고 교직원
모두에게 '알알이 쏙' 신제품을 선물해주었습니다.

자매님 얘기를 잠깐 드리자면 맨손에 아이디어 하나로 'JM Green 알알이 쏙'이란
제품을 출시하며 사업을 시작했습니다. 얼마 전엔 여성 발명가 대통령상을 받았고
중소기업청의 적극적인 지원을 받고 있습니다. 그리고 월마트를 비롯해서 국내 여러
대형 쇼핑몰에도 납품할 정도로 제품의 우수성을 인정받고 있습니다. 그러나 국내외
여러 짝퉁들과 시장의 다양한 변수로 인해 요즘 많이 힘드신 듯합니다. 그럼에도 늘
밝게 소망 중에 지내고 계십니다.

저의 바람은 자매님이 꼭 성공하셨으면 좋겠고 이를 위해 교우 여러분들께서 힘이
되어주셨으면 얼마나 좋을까 싶습니다.
'한 사람이면 패하겠거니와 두 사람이면 맞설 수 있나니 세 겹 줄은 쉽게 끊어지지
아니하느니라'(전도서 4:12)고 하셨습니다.

JM Green 홈피와 연락처는 다음과 같습니다.
http://www.jmgreen.co.kr/ 010-9145-3667

송구합니다, 감사합니다

더불어 교우 여러분의 가정에도 은총의 손길들이 끊이지 않길 빕니다.

샬롬.

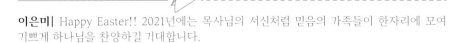

이은미| Happy Easter!! 2021년에는 목사님의 서신처럼 믿음의 가족들이 한자리에 모여 기쁘게 하나님을 찬양하길 기대합니다.

김희균| 교인들의 사진을 보며 그리워하는 목사님 모습이 그려집니다. 하루빨리 코로나가 종식되어서 우리 다 같이 예배할 날을 기도합니다. 목사님 사랑합니다.

JM Green
우리 교회의 여성발명가
이정미 자매님

4월 16일(목)

바이러스가 주는 교훈

배성태입니다.

아내가 뜬금없이 이러는 겁니다. '코로나가 봄에 있길 잘했나봐. 만일 가을에 있었다면 얼마나 서글펐을까? 낙엽, 찬바람, 겨울...' 생각해보니 그런 것도 같습니다. 인생에 교훈이 없는 사건은 없으니까요.

얼마 전 코로나19와 관련하여 빌게이츠가 쓴 글을 봤습니다. 그 역시 이 일은 우리에게 뭔가 가르치고 있다고 했습니다. 그의 얘기를 요약하면 다음과 같습니다.
"모든 사람이 평등하다는 것을,
세상 모든 사람 모든 나라가 연결되어 있음을,
건강이 얼마나 소중한지를, 인생이 짧다는 것과 우리가 해야 할 더 중요한 일이 무엇인지에 대해, 정작 필요한 것은 물, 식료품, 약과 같은 것인데 이런 때 아무 소용없는 사치품에 지나친 관심을 보여 왔다는 것을,
가족의 유대감과 가정생활이 얼마나 중요한지를,

진짜 중요한 일은 우리가 창조된 뜻대로 서로 보살피고 서로를 보호하고 서로에게 보탬이 되게 하는 것이라는 것을, 작은 바이러스에도 멈춰서는 사실 앞에 겸손하라는 것을, 사람은 어려움에 처할 때 본색이 그대로 드러난다는 것을, 어려움 앞에서 어떤 태도를 취하느냐에 따라 다른 결과를 가져온다는 것을, 우리가 지구를 병들게 했다는 것을, 이 역시 지나갈 것이라는 것을,
이처럼 코로나19는 거대한 재앙이 아니라 그동안 우리가 잊고 살아온 중요한 교훈들을 일깨워주는 위대한 교정자이다. 배울지 말지는 우리에게 달려 있다"고 했습니다.

공감이 됐습니다. 지난 두 달을 돌아보면 불편했던 것과 유익했던 것들이 교차하는 것이 사실입니다. 오늘은 가족들과 함께 이에 대해 얘길 나눠보시면
어떨까요? 밤참과 함께-

복된 저녁 되십시오.

샬롬.

송구합니다, 감사합니다

추수감사찬양제('19.11.4)

김원경| 따뜻하고 다정한 목소리가 경직되어있는 마음속으로 평온하고 부드럽게 다가오는 것과 같이 담임목사님의 목회 서신으로 많은 위로를 얻게 되어 감사드립니다. 저 역시 정신없이 지나온 시간을 되돌아보며 소중했던 것들이 무엇이었는지 다시 한번 생각하게 하는 시간인 것을 알게 하심에 감사를 드립니다. 멀리 떨어져 있는 가족들을 위해서 더욱 열심히 기도드리며 주님의 은총과 은혜에 감사를 드리게 하심에 고맙습니다. 감사합니다.

윤민제| 80 넘으신 저의 노모는 행여나 코로나에 걸리면 죽음으로 이어질까 노심초사 밤마다 신경안정제를 드시고 음악수업을 해야 하는 저는 아이들과 노래도 리코더도 맘껏 불 수 없는 상황이 돼 버렸습니다. 몹쓸 바이러스이긴 하지만 우리가 누렸던 당연한 것들이 얼마나 귀한 것인지를 깨닫게 해주는 건 사실입니다. 마스크 넘어 소수가 찬양을 부르며 주님을 바라보며 경배하는 귀함을 다시금 깨닫는 시간입니다. 언제 어디서든 어떤 상황이든 주님만을 바라보겠습니다~~~

황문진| 어렵고 힘든 시기임에도 온라인으로라도 모이고자 하는 모습에 위로가 됐습니다. 덕분에 몰랐을지도 모를 성도님들의 소식도 이렇게 더 자세히 알 수 있게 되어 감사했습니다.

4월 17일(금)

모든 것이 하나님 소관인 것을

배성태입니다.

어젯밤 오늘의 일기예보를 들었습니다.
'많은 비와 곳곳에 바람과 천둥이 치는 곳도 있겠으며 기온은 10도는 낮아질 것이다'고 했습니다. 그런데 오전 9시 쯤 되면서 비가 그치더니 어느새 구름 사이로 옅은 햇살이 보이고 나뭇잎은 더 투명해졌습니다.

실은 농사를 위해선 제대로 비가 왔어야 했는데 아쉬움은 있습니다. 사노라면 때론 지나쳐 보이기도 모자란 듯 보이기도 하지만 모두 하나님 소관인 것을 어찌하겠습니까? 범사에 기한이 있고 천하만사가 다 때가 있기 마련입니다.(전도서 3:1)

그렇습니다. "날 때가 있고 죽을 때가 있으며, 심을 때가 있고 심은 것을 뽑을 때가 있으며, 죽일 때가 있고 치료할 때가 있으며, 헐 때가 있고 세울 때가 있으며, 울 때가 있고 웃을 때가 있으며, 슬퍼할 때가 있고 춤출 때가 있으며, 돌을 던져 버릴 때가 있고 돌을 거둘 때가 있으며, 안을 때가 있고 안는 일을 멀리 할 때가 있으며, 찾을 때가 있고 잃을 때가 있으며, 지킬 때가 있고 버릴 때가 있으며, 찢을 때가 있고 꿰맬 때가 있으며, 잠잠할 때가 있고 말할 때가 있으며, 사랑할 때가 있고 미워할 때가 있으며, 전쟁할 때가 있고 평화할 때가 있느니라.

일하는 자가 그의 수고로 말미암아 무슨 이익이 있으랴 하나님이 인생들에게 노고를 주사 애쓰게 하신 것을 내가 보았노라. 하나님이 모든 것을 지으시되 때를 따라 아름답게 하셨고 또 사람들에게는 영원을 사모하는 마음을 주셨느니라. 그러나 하나님이 하시는 일의 시종을 사람으로 측량할 수 없게 하셨도다. 사람들이 사는 동안에 기뻐하며 선을 행하는 것보다 더 나은 것이 없는 줄을 내가 알았고 사람마다 먹고 마시는 것과 수고함으로 낙을 누리는 그것이 하나님의 선물인 줄도 또한 알았도다. 하나님께서 행하시는 모든 것은 영원히 있을 것이라, 그 위에 더 할 수도 없고 그것에서 덜 할 수도 없나니 하나님이 이같이 행하심은 사람들이 그의 앞에서 경외하게 하려 하심인 줄을 내가 알았도다"(전도서 3:2~14)

그렇습니다. 삶은 해석입니다. 이처럼 삶의 모든 것을 하나님 중심으로 바라보는 것이 지혜입니다. 그러노라면 비록 어려움 중에 있다 해도 결코 외롭지 않은 경험을 할 것입니다.

송구합니다, 감사합니다

우모하비전센터 건축 교회풍경(`20.7.15)

삶은 해석입니다

삶의 모든 것을 하나님 중심으로 바라보는 것이 지혜

김흥기| 인생은 선택과 방향이 중요하다. 선택 : 예수님을 나의 구세주로 선택하고 믿고 따른다. 방향 : 세상사가 아무리 힘들고 어려워도 범사에 능치 못함이 없으신 하나님 아버지만 바라보고 살자!

이복선a| 신앙생활의 갈등이 지속 되고 있는 이때 목회서신을 통해 영적 회복과 믿음의 소망을 되새기게 하시니 감사합니다.

4월 18일(토)

코로나19 상황 속 등록한 가정들

배성태입니다.

한 주간도 평안하셨습니까?
금주에도 교우들 중에 어떤 분들은 교회의 평안이 염려되시는지 더러 정탐을
오십니다. 그리고는 숨죽이며 조심조심 크게 한 바퀴를 도시거나 건축현장을
돌아보시곤 조용히 가십니다. 그럴 필요 없습니다. 우리 교회인데요 뭘. 이제
오시거든 아무개 왔다 간다고 목양실을 향해 소리 지르고 가세요.

이번 코로나19 상황 중에도 네 가정이 등록했습니다. 한 가정은 이천에 계시다 이사
오시면서 재등록하셨고, 세 가정은 얼마 쯤 출석하신 분들입니다. 등록하려던 차에
공예배 모임이 중단되는 탓에 여의치 못했던 것입니다. 홈페이지에 들어오시면 보실
수 있습니다. 보시면 '아! 이 분이시구나' 하실 수 있을 것도 같습니다. 따뜻하게
맞아주시기 바랍니다.

그래서인지 솔밭정원의 새가족 포토 존이 눈에 많이 들어옵니다. 올봄엔 유난히
바위를 감싸고 있는 철쭉이 예쁘게 폈습니다. 이렇게라도 아쉬움을 달래려는 듯
보였습니다.

금주도 이렇게 한 주가 금새 지났습니다. 내일은 영상으로라도 교우 여러분을 뵙겠습
니다. 지난 주엔 예배를 전후하여 동영상을 보냈는데 금주에도 그리할까 합니다.
가족은 함께 공유하는 것이 많을수록 좋은 거라 하잖습니까?
사연으로 움직이기 때문이죠. 믿음의 가족도 마찬가지입니다.

5월호 아이워십도 출간됐습니다. 묵상 방법이 조금 달라졌습니다. 이는 제가 성경을
묵상하는 방법인데 이렇게 훈련하도록 자녀들을 지도해주시기 바랍니다. 그리고
앞으로는 셋째 주일에 발간하려 합니다. 이번에도 행정실 앞에 비치되어 있으니
찾아가시기 바랍니다.

평안한 저녁 되십시오.

송구합니다, 감사합니다

솔밭정원

올봄엔 유난히 바위를 감싸고 있는
철쭉이 예쁘게 폈습니다

김학균| 이제는 목양실 지날 때마다 소리를 너무 질러서 시끄러울까 걱정이 되네요^^

임성희| 코로나로 인해 세상도 숨을 죽이고, 교회도 숨을 쉬고 있지 않는듯 보일 수도 있지만 커다란 은혜의 맑은 공기 속에서 저희 성도들은 큰 숨을 쉬어가며 누리고 있답니다. 넘 염려하지 마시고 목사님께서도 주님의 평안 가운데 큰 쉼을 가지셨으면 합니다.

4월 21일(화)

여덟 살 아이 눈에 비친 하나님의 분노

배성태입니다.

날씨가 많이 차가워졌습니다. 새벽녘보다도 체감온도는 더 낮아진 듯합니다. 예로부터 꽃샘바람이라 했잖습니까? 목양실에서 보이는 바깥 풍경만 봐도 크고 작은 나무할 것 없이 '막춤'을 춥니다.

어젠 안부를 묻는 한 통의 편지를 받았습니다. 9년 전 주례를 섰던 부부인데 이 때만 되면 늘 편지를 보냅니다. 가족, 가정, 교회, 예배, 성도의 교제, 그리움 그리고 코로나로 인한 상황에 대해 심경을 비쳤는데 마음이 따뜻해져왔습니다. 그러면서 여덟 살배기 아이의 얘길 해주었습니다. '개학이 계속 미뤄져서 좋기는 한데 하나님께서 화가 많이 나신 것 같아. 하나님은 믿지 않는 사람들이 너무 많고 하나님을 믿는 사람들도 하나님이 기뻐하시는 일보다는 싫어하시는 일을 많이 해서 그런 것 아닐까'라고 하더랍니다. 이 얘기에 많이 부끄러웠다고 했습니다.

금번 아이워십 5월호에도 현 상황에 대한 우리 교회학교 아이들의 소감과 기도들이 많이 실려 있습니다. 그 내용 하나하나가 얼마나 기특한지 예쁘기 그지없습니다. 이런 모습을 볼 때마다 아이들을 믿음으로 양육하고자 애쓰시는 교회학교 선생님들이 얼마나 고마운지 모릅니다. 이를 보면서 믿음으로 돌봄을 받는다는 것이 얼마나 복된 것인지를 다시금 생각하게 됩니다. 당장에 눈에 보이는 변화가 없어 보여도 이는 땅에 떨어진 씨앗 같아서 삼십 배, 육십 배, 백 배의 결실을 하게 될 것이기 때문입니다. 이 모두는 신앙교사들의 상급이 될 것입니다.

정말 고맙습니다. 코로나19 상황 속에서도 여러 모양으로 애쓰시는 여러분의 얘기를 듣고 있습니다. 교우 여러분께서도 교사들께 화이팅 해주시기 바랍니다.

아- 이제 함께 예배할 날이 얼마 남지 않았습니다.
주님의 크신 은총을 빕니다.

김성연| 이렇듯 교회학교 양육을 통해 하나님의 백성이 세워지고 신실하신 하나님의 역사가 계속되어져 가는 걸 보니 소망이 되면서도 부끄럽습니다. 저도 이 아이들처럼 순전한 믿음으로 하나님을 바라보고 세상을 섬겨나갈 수 있기를 소망합니다. 교회학교 선생님들 모두 화이팅입니다!

손명현| 급변하는 상황에서 다음 세대의 믿음의 신앙교육이 더욱더 중요해짐을 느낍니다. 하나님 나라는 이런 어린아이들의 것이라 하신 예수님의 말씀처럼 순수하게 말씀에 순종하여 예배가 부흥하기를 소망합니다.

송구합니다, 감사합니다

복있는 사람은 악인들의
꾀를 따르지 아니하며 죄인들의
길에 서지 아니하며 오만한 자들의
자리에 앉지 아니하고
오직 여호와의 율법을 즐거워하여
그의 율법을 주야로 묵상하는도다
시편1장1-2절

아이워십

그 내용 하나하나가
얼마나 기특한지
예쁘기 그지없습니다.

4월 23일 (목)

십자가를 먹다

배성태입니다.

며칠 전 다른 교회에 다니는 어린아이로부터 쿠키 한 봉지를 선물 받았습니다. 핸드메이드였는데 그 안에 이런 메모가 있었습니다. '목사님, 다음 세대를 위해 애 많이 써주셔서 고맙습니다. 저도 목사님과 명선교회를 위해 기도하겠습니다' 내용으로 보아 부모님으로부터 이런저런 얘길 전해 들었던 모양입니다.

그런데 쿠키의 모양이 각각 달랐습니다. 크고 작은 십자가가 넷, 예배하는 아이 모양 둘, 별 모양과 달 모양 하나씩... 그런데 고민이 생겼습니다. 먹자니 마음에 걸리고 안 먹자니 나중에 버릴 것 같았습니다. 결론은 기왕지사 맛있게 먹자였습니다. 그리고는 한 자리에서 쿠키의 고소함을 즐겼습니다. 그런데 십자가를 먹을 땐 정말 기분이 묘했습니다. '십자가는 지라 하셨는데, 못 박히라 하셨는데 먹어 치우다니...' 양심에 가책이 생겨 스스로 말을 걸었습니다. '그래 이젠 그 어떤 십자가도 이처럼 맛있게 달콤하게 즐기는 거야 알았지?'

어제 심방을 가는 중에 함께 동승한 자매로부터 코로나바이러스로 인해 공예배를 드리지 못하게 된 이후 사순절과 부활절을 보내면서 가족들이 함께 어울렸던 얘길 들었습니다. 얼마나 감동이 컸는지 모릅니다. 평소에도 그 가정의 분위기를 짐작하고 는 있었지만 이 정도인 줄은 몰랐습니다. '이렇게 살아주어 정말 고맙다. 네가 명선가 족임이 자랑스러워' 이 말을 전해주고 싶었습니다.

짐작하기로는 교우 여러분들 가정에도 얘기 보따리가 한 아름일 듯싶습니다. 그 얘기도 듣고 싶습니다.

♫
사철에 봄바람 불어 잇고 하나님 아버지 모셨으니
믿음의 반석도 든든하다 우리 집 즐거운 동산이라
고마워라 임마누엘 예수만 섬기는 우리 집
고마워라 임마누엘 복 되고 즐거운 하루하루
♫

송구합니다, 감사합니다

한은미| 소소한 일상을 저희들에게 말씀하시고 다가오시는 우리 배성태 목사님~~ 어느날부터인가 기다리게 됩니다 . 편지글을 받아보고 나서 후유~~~ 우리 목사님 잘 지내고 계시구나 안심합니다. 성전이 그리움으로 바뀐 것은 또 다른 마음인 것 같습니다. 건축 중인 성전을 여리고성처럼 돌아 돌아 집으로 퇴근하는 것도 그리움의 표현이 되었습니다. 바울이 로마 성도에게 편지하듯 우리 목사님의 애틋한 서신이 저와 가족 온 성도들 마음에 자리 잡았습니다. 내일은 어떤 일이 우리 목사님의 글에 등장할까요?? 기다려집니다.

진은영| 목사님 안녕하세요?
이야기 보따리가 한아름인 것 맞습니다~^^ 생각해보니 코로나바이러스가 바꿔놓은 우리의 일상 중 순기능도 분명 있는 것 같아요. 무엇보다 코로나로 인해 가정생활의 비중이 커졌지만 갑작스런 환경의 변화와 막연한 두려움에도 담담하게 보낼 수 있었던 것은 말씀이 있었기 때문이었습니다. 저녁마다 말씀 읽기로 모여온 시간들 아침마다 짬을 내어 아이들과 함께 드린 아이워십 실시간 예배와 새벽기도가 순적하게 이뤄진 모든 것이 은혜입니다.

4월 25일(토)

예배드리는 곳마다 성소 되기를

배성태입니다.

4월의 마지막 주간입니다.
며칠 전 용서고속도로로 서울로 가는 길 좌측에 펼쳐진 녹색의 향연을 보면서 이토록 아름다운 계절을 주신 하나님께 몇 번을 감사했는지 모릅니다. 이런 아름다움은 지난 3, 4월 공예배를 함께 드리지 못하는 중에 또 다른 하나님의 손길을 맛보는 시간이 되었습니다.

이제 5월부터 시작되는 예배를 앞두고 새벽예배 후 당회에서 다음 몇 가지를 결정했습니다. 청장년을 위한 예배는 5월 3일부터, 교회학교는 10일부터 예정되어 있습니다. 그리고 새벽, 수요, 주일저녁예배, 금요온맘기도회는 27일(월)부터 시작합니다. 이를 위해 다음 사항을 유의해주셔야 합니다.

① 예배는 1부(7시), 2부(9시), 3부(11시 30분), 4부(오후 2시)로 이루어집니다.
② 매 예배는 120명으로 한정하여 드리게 되며 미리 신청을 받아 진행됩니다.
　상황에 따라 신청하신 시간이 변경될 수 있으며 사전에 연락드릴 것입니다.
　(행정실 : Tel. 031-202-0061)
③ 출입 시 마스크 착용, 출입대장 기록, 손 세정, 발열 체크, 예배실 내 거리 두기를
　꼭 지켜주셔야 합니다. 이를 위해 평소보다 일찍 오셔서 예배를 준비해 주시기
　바랍니다.
④ 주차할 공간이 협소합니다. 교회 가까이 계신 교우들께서는 차량 이용에 양해
　바랍니다.

이와 같이 예배가 순조롭게 이루어질 수 있도록 기도해주십시오.

내일도 예배하는 곳마다 성소가 되길 소망합니다.

축복합니다, 감사합니다

에배
모든 예배가 순조롭게 이루어질 수 있도록
기도해주십시오

이요셉| 그동안 예배하지 못해 예배가 너무 그리웠습니다. 기도하며 기대함으로 주일을 기다려봅니다.

임재춘| 주님! 우리를 정직한 영으로 새롭게 하여 주시고, 수많은 우상을 세워 온 죄악들을 용서하여 주시며, 겸손과 순전한 믿음의 삶으로 다시 회복시켜 주시옵소서!

4월 28일(화)

예배 정원제,
천국이 정원제로 운영된다면

배성태입니다.

꼭 61일 만이었습니다.
월요일 새벽예배- 울컥했습니다. 모두 아흔다섯 분이 오셨습니다. 듬성듬성 자리한 것 외엔 모두 좋았습니다. 그래서 기념으로 한 컷 했습니다. 주일예배도 이와 유사할 것입니다. 한정된 공간과 주어진 상황으로 인해 예배 참석을 신청 받아야 한다는 사실이 서글픕니다만 그래도 감사해야겠지요.

오늘 점심 땐 판문점 부대찌개에 갔습니다. 식당을 운영하시는 성 권사님 말씀이 2부 예배를 신청했는데 딱 한 자리 남았다고 하더랍니다. 그래서 생각해봤습니다. 만일 천국이 정원제로 운영된다면 어땠을까? 짐작컨대 시시하게 믿지는 않을 것입니다. 그런데 신천지 집단을 비롯해서 대부분 이단들은 천국이 정원제로 운영된다고 사기를 칩니다. 144,000명...

그런데 다음 주엔 우리 예배도 정원제로 운영됩니다. 조건이 있다면 서둘러 신청하는 것입니다. 지금 4부예배 12석 정도 자리가 남았습니다. 언젠가는 예수님을 믿고 싶어도 믿을 수 없고 예배를 드리고 싶어도 드릴 수 없고 헌신하고 싶어도 헌신할 수 없는 때가 올 것입니다. 바로 예수님께서 구름을 타시고 능력과 큰 영광으로 오시는 재림의 날입니다. 생각지도 못하던 때에 주님은 오실 것입니다.(마태복음 24:29-51) 그래서 오늘이 마지막 날인 듯 생각하고 살라고 했나 봅니다.

그러므로 언제든 Love God Love People을 잊지 않도록 합시다. 만일 오늘이 그 날이라 하여도 이렇게 사는 중에 주님 맞이한다면 후회 없을 것입니다. 주님께서 우리 모두에게 은혜를 부어주시길 소망합니다.

오늘도 평안한 하루 되시길 바랍니다.

축구합니다, 감사합니다

코로나19 기간 중 교회예배 ('20.7.26)

Love God Love People
주님께서 우리 모두에게
은혜를 부어주시길 소망합니다

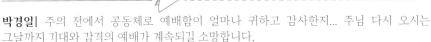

박경일| 주의 전에서 공동체로 예배함이 얼마나 귀하고 감사한지... 주님 다시 오시는 그날까지 기대와 감격의 예배가 계속되길 소망합니다.

신경용| 부끄럽습니다. 삶의 무게에 눌려 살면서 그래도 주일이면 주님 앞에 나와서 후회와 감사가 뒤엉키는 은혜의 시간들이 얼마나 소중한지요? 이렇게 또 주님께서는 코로나를 통해서 예배의 소중함과 일상에 안녕을 감사하게 하시네요. 목사님도 강건하세요.

5월 15일(금)
새벽예배 시작기도문

하나님 아버지,
아버지께서는 오늘도 저희를 귀하고 복된 자리로 인도해주셔서,
또 저희가 주 앞에 함께 예배할 수 있는 은혜를 주시니 감사합니다.

오, 주님, 예전처럼 저희 모두가 한자리에 모여 하나님을 예배하고
기도하는 일들이 자유로워질 수 있기를 간절히 원합니다.
대주재 되시는 주여, 모든 것이 주의 손안에 있음을 알게 하시고, 오직 주만 바라며,
주만 의지하며, 하나님의 통치에 대해 순복하며 나아가는
모든 세상 사람들이 되게 하여 주시옵소서.

주여, 우리가 소수로 모였으나 주 앞에 저희가 함께 드리는 간구를 들으시며
하나님의 영광을 보는 그런 아름다운 은혜가 저희 가운데 넘쳐나게 하옵소서.
저희뿐 아니라 명선의 모든 가족들 중에 오늘도 깨어 일어나 가정에서 예배하는
성도들, 그리고 또한 방송을 통해 끊임없이 주의 말씀을 묵상하는 성도님들
한 분 한 분 기억해주시고, 명선의 모든 가족들이 예배와 말씀 가운데 견고히 서서
흔들리지 아니하며, 그 옛날 아합과 이세벨의 엄한 통치 속에서도 7,000명의 숨겨진
하나님의 종들이 있었다 얘기했던 것처럼 우리 모두가 다 그런 아름다운 모습으로
하나님 앞에 설 수 있도록 주께서 은총을 더하여 주시기를 간절히 빌고 원합니다.

주님, 이 아침에도 저희는 몇 가지 간구를 주 앞에 드렸습니다.
세계 곳곳의 상황이 다르지가 않습니다.
주여, 하나님의 백성들을 지켜주시고, 여전히 복음을 전하는 선교사들과 함께
하시며, 하나님의 아름다운 역사를 함께 보는 저희 모두 되게 하옵소서.
자비로우신 주님, CUEC, 필리핀 코마바우, 이 곳에도 모임을 갖지 못한 채
끊임없는 새로운 변화를 또 다른 방법으로 복음의 아름다운 역사를 준비하고
계획하고 행하는 중에 있습니다.
주님, 우리에게 지혜와 명철을 더하사 하나님의 복음이 조금도 멈추어지지
아니하고 계속하여 아름답게 증거될 수 있도록 은혜를 더해 주시옵소서.

귀한 예물을 구별하여 드리는 손길들을 기억하소서.
주님을 향한 간절한 간구를 복되게 하옵소서.
그 때 내 기도가 이렇게 열매로 맺어졌구나 경험할 수 있도록 은총을 더하시며
낙망치 아니하고 소망 중에 기도하며 감사하는 귀한 심령들 되게 하옵소서.

우리의 구세주 예수 그리스도의 이름으로 기도드리옵니다. 아멘.

- 배성태 목사 -

5월
역시, 주님

우리가 한 몸에 많은 지체를 가졌으나
모든 지체가 다 같은 기능을 가진 것이 아니니
이와 같이 우리 많은 사람이 그리스도 안에서
한 몸이 되어 서로 지체가 되었느니라
[로마서 12장 4-5절]

5월 2일(토)

10주 만에 함께 드리는 예배

배성태입니다.

연휴, 어떻게 보내고 계세요?

어제 만난 이웃의 어떤 분은 '어디 안 가셨어요?'라며 의외라는 듯 말을 걸어왔습니다. '내 마음에 온갖 풍경이 있는데요 뭘'이라고 해주고 싶었지만 고맙게 웃어만 줬습니다.

드디어 내일입니다. 10주 만에 예배당에서 함께 예배드리게 됐습니다. 지난 월요일 새벽예배 영상을 보신 어느 집사님께서는 성도들과 함께 예배해서 그런지 제 표정이 아주 달라져 보였다고 했습니다. 내일은 더욱 그럴 것 같습니다. 그러나 이제 곧 예전처럼 모두 함께 예배할 수 있게 될 것입니다.

금주 성전예배에 신청하신 교우들께서는 지난 토요일의 목회서신을 다시 한번 체크해 주시기 바랍니다.

모두 주님 안에서 평안을 빕니다.

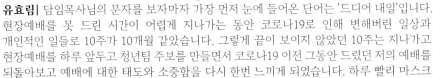

유효림| 담임목사님의 문자를 보자마자 가장 먼저 눈에 들어온 단어는 '드디어 내일'입니다. 현장예배를 못 드린 시간이 어렵게 지나가는 동안 코로나19로 인해 변해버린 일상과 개인적인 일들로 10주가 10개월 같았습니다. 그렇게 끝이 보이지 않았던 10주는 지나가고 현장예배를 하루 앞두고 청년팀 주보를 만들면서 코로나19 이전 그동안 드렸던 저의 예배를 되돌아보고 예배에 대한 태도와 소중함을 다시 한번 느끼게 되었습니다. 하루 빨리 마스크 벗고 모두 예쁜 웃음 지으며 인사하고 마음껏 찬양하고 예배하는 그 날을 기대하고 기도합니다! 샬롬~

박병현| 목사님. 삶이 예배요, 예배가 삶이라는 것이 가슴 깊이 새겨지는 시기입니다. 다가오는 환경을 탓하지 않고 예수 그리스도 안에서 믿음으로 세워져 가는 구별된 사람이 되겠습니다. 평안하세요.

역시, 주님

내 마음에 온갖 풍경

이제 곧 예전처럼 모두 함께 예배할 수 있게 될 것입니다

5월 5일(화)

교회에도 드라이브 스루가

배성태입니다.

지난 주일은 몹시 설레는 마음으로 주일을 맞았습니다. 토요일 밤엔 잠을 설치기까지 했습니다. 네 번에 걸쳐서 드려진 예배, 이 얼마나 기다려 왔던 것입니까?

금요일 장치장식팀의 화분 정리와 꽃단장으로부터 시작해서, 토요일엔 항존직분자들의 청소, 예배위원들의 준비모임 등등... 모두 설렘으로 준비한 주일이었습니다.

예배 후, 교우 중에는 우모하비전센터를 둘러보는 이들도 있었습니다. 아직 마무리 되지 않아 어수선한 분위기이긴 했지만, 모두 기쁨을 감추지 못했습니다. 교회학교 에서는 드라이브 스루를 신청 받아 부모님과 함께 교회를 방문하게 하며, 교사들이 어린이날 선물을 나누고 교제하며 예배에 참석하지 못한 아쉬움을 달래기도 했습니다.

아쉬움이 있었다면 소수의 예배, 마스크 착용 드라이한 교제였습니다. 이러다간 큰일나겠다 싶었습니다. 예전에 농담조로 주님께서 재림하신다면 비 오는 수요일 저녁 예배 때 쯤이라고 했습니다만, 이젠 코로나19 상황과 비슷한 주일이겠다는 생각을 잠시 했었습니다.

내일은 수요일, 우모하 카페도 문을 엽니다. 비 온 후 쾌청함이 저녁을 상쾌하게 합니다. 방금 아내로부터 만두전골을 준비했다고 연락이 왔습니다. 여러분도 저녁 맛있게 드십시오.

샬롬.

역시, 주님

코로나19 예배중지 후 첫 예배('20.5.3)

박은혜ㅣ 코로나로 집 밖에 나가기가 두려울 때 담임목사님으로부터 서신을 받게 되었습니다. 조심은 하되, 두려워하지 말라고 하셨던 문구가 제게는 큰 힘이 되었습니다. 명선교인들을 그리워하는 마음이 고스란히 느껴져 참 감사했습니다. 코로나로 인해 위축되어 있는 예배가 다시 시작되었지만 비어 있는 예배당을 보며 매주 찬양할 때마다 다시 회복되길 기도해 봅니다.

홍영조ㅣ 비온 후 쾌청함이 저녁을 상쾌하게 하듯 코로나 이후 쾌청한 예배가 이 땅에 하나님 나라를 더욱 쾌청하게 할 것을 기대합니다.

5월 7일(목)

어머니 엄마 어무이

배성태입니다.

연휴 잘 보내셨는지요?
어린이날, 어버이날 겸사해서 좋은 시간이 되셨겠습니다.

오늘 아침 동시 한 편을 읽었습니다.
서담 시인이 쓰신 「엄마라는 말」이라는 제목의 시인데 이런 내용입니다.

내가 처음
배웠다는 말도
엄마!
할아버지가 마지막에
부르셨다는 말도
엄마!

이 시를 읽고 또 읽었습니다. 내일이 어버이날입니다. 전 이날이 가까워지면 어머니에
대한 마음이 평소보다 분주해집니다. 이런 저를 보면서 아직도 멀었구나 싶습니다.
매일 안부를 여쭙고는 있지만 이번엔 진작 찾아뵙질 못하고 돌아오는 월요일에
뵙기로 했습니다. 가까이 있는 여동생에게 내일 내 몫으로 카네이션 하나 더
부탁했지만 염치없긴 마찬가지인 듯합니다.

오늘도 어머니께 전화를 드렸습니다.
그리고 평소처럼 이런저런 얘길 10분쯤 늘어놨습니다. 어머니도 좋아라 연신
맞장구를 치십니다. 그때마다 빼놓지 않고 하시는 말씀이 있습니다. '배 목사 이렇게
전화해줘서 고맙다' 전화드릴 수 있어 도리어 고마운 건데 이 말씀에 저는 할 말을
잊고 맙니다.

그래서 다음날 또 전화를 합니다.
어머니의 마음을 헤아리면서 때론 아침에 때론 낮에 때론 한밤에... '어머니 엄마
어무이' 말끝마다 빼놓지 않고 제가 자주 부르는 호칭입니다. 그렇게 좋아하실 수가
없습니다. 그러나 이렇게 부를 수 있는 날이 얼마나 될까요?

평안한 저녁 되십시오.
그리고 내일 어버이날도.....

샬롬.

역시, 주님

담임목사님 책 출판기념회('14.1.19)

전연하| 저는 지금 생각해보면 '왜 사랑한다는 말을 못했을까~' 후회가 됩니다. 이젠 평소에도 자주 이역만리에 계신 엄마께 사랑한다고, 할 수 있어서 너무 감사합니다.

위세영| 아이를 키우면서 부모가 되고 보니 엄마께 죄송하고 감사한 마음이 점점 더 커지는 것 같아요. 저도 내일은 평소보다 사랑을 더 담아 '엄마~ ♥' 하고 불러드려야겠어요.

5월 9일(토)

힘으로도 능력으로도 되지 아니하고

배성태입니다.

한 주간도 주님 은혜 가운데 평안하셨는지요?
어제 저녁부터 곱게 내리는 봄비가 농사를 재촉합니다. 그동안 너무 건조한 탓에 곳곳에 화재와 산불로 인해 애를 태웠는데 다행이다 싶습니다.

오늘은 교우들 네 가정에 결혼식이 있었습니다. 이 고운 비처럼 네 커플이 세상을 유익하게 하는 가정을 이루길 소망했습니다.

금주에 교회에는 여러 사역팀들이 모여 우모하를 꿈꾸며 사역을 고민하고 기도하기도 했습니다. '이는 힘으로도 되지 아니하며 능력으로도 되지 아니하고 오직 나의 영으로 되느니라'(스가랴 4:6) 하셨으니 오직 주님만 바라볼 뿐입니다.

예정대로라면 내일 주일 교회학교 예배를 우모하비전센터에서 드리려 했습니다. 그런데 한 주일 더 미루기로 했습니다. 아이들의 서운한 마음을 잘 달래주시기 바랍니다. 그리고 청년1, 2팀 형제자매들도 화이팅합시다.

복된 주일 되십시오.

샬롬.

김은순a| 코로나 사태도 시간이 지나고 나면 다시 꺼내볼 하나의 흑백 사진이 된다는 목사님의 말씀이 큰 위로가 됩니다. 너무나 당연하게 여겼던 교우들과 한데 어우러져 모임을 가지던 그때가 그립습니다. 그동안 당연한 것으로 여기고 감사할 줄 몰랐던 주님의 은혜를 되돌아보고, 더 굳건한 믿음으로 이 어려운 시기를 잘 이겨내기를 기도합니다.

이창규| 돌아보면 모든 것이 주님의 은혜요, 섭리였음에 감사를 드립니다. 주님, 그래서 더욱 더 사랑합니다!

역시, 주님

여름성경학교 기념 ('17.7.29)

5월 13일(수)

우리가 가면 길이 되는 그 길을 만들어야

배성태입니다.

새벽예배 후 목양실 안으로 비치는 햇살, 건너다 보이는 정원의 눈부신 햇빛이 살아있는 모든 것을 생동하게 합니다. 이 빛으로 이른 봄부터 꽃들을 피워냈습니다. 이제 이 피어난 꽃들은 졌지만 이파리는 더 초록초록해졌고 또 다른 것을 피워냅니다. 장미, 아카시아, 이름 모를 야생화들... 이 모두가 변함없이 계절을 섭리하시는 하나님의 손길입니다. "오늘 있다가 내일 아궁이에 던져지는 들풀도 하나님이 이렇게 입히시거든 하물며 너희일까보냐 믿음이 작은 자들아 그러므로 염려하여 이르기를 무엇을 먹을까 무엇을 마실까 무엇을 입을까 하지 말라... 너희 하늘 아버지께서 이 모든 것이 너희에게 있어야 할 줄을 아시느니라"(마태복음 6:30-32) 오늘도 우리를 향한 하늘 아버지의 만지심은 여전하십니다.

그리고 교회는 주일부터 비전하우스의 짐을 비전센터로 옮기고 정리하는 일을 계속하고 있습니다. 작업복에 먼지로 또 한 번 옷을 입지만 모두들 즐거운 모습입니다. 이번 주일 아이들을 볼 생각에 어찌 아니 기쁘겠습니까? 그리고 수요예배 오늘도 교우들을 뵐 생각에 설렘으로 가득합니다. 이와 함께 우리 안에 피워낼 믿음의 꽃들을 소망해봅니다.

이제 자리를 떨치고 일어납시다. 그리고 우리가 가면 길이 되는 그 길을 만듭시다. 요즘 새벽예배 사도행전의 말씀을 보면서 우릴 향한 하나님의 손짓을 보고 있습니다.(사도행전 16:9) 잠자는 자들을 깨워 또 다른 사람들의 잠을 깨우고 그들을 보내어 복음으로 역사의 새로운 길을 만드시는 하나님의 손길을 보고 있습니다. 그래서 오늘도 '주님 우리에게도 이 땅에도'라며 간절히 기도하고 있습니다.

오늘도 복된 하루 되십시오.

샬롬.

역시, 주님

채제겸| "어둠이 깊을수록 더욱 더 빛나는 별 같이" 모든 상황의 불확실성으로 인해 어둠의 시간을 보내고 있는 이때에 별 같이 더욱 더 빛나는 것은 진리인 하나님의 말씀이며, 세상이 다 변해도 변하지 않는 것은 자기의 형상대로 만드신 인간에 대한 하나님의 사랑임을 느낍니다. 샬롬.

김필교| 샬롬^^ 코로나19로 인하여 하나 좋은 건 '목사님의 편지'입니다. 저도 깨어있어 하나님의 길 위에 서있겠습니다.

5월 16일(토)

우모하비전센터 첫 예배에 대한 설렘

담임목사 배성태입니다.

오늘은 아침부터 더욱 분주한 하루였습니다. 우모하비전하우스 철거, 비전센터 마무리 작업, 아이들을 맞이하기 위한 주일 준비 등등이 있었습니다. 교역자들뿐 아니라 교우들과 아이들도 함께 도왔습니다. 아직은 손 갈 곳이 많긴 하지만 아이들 예배 자리는 어느 정도 정리되었습니다. 12주 만에 열리는 예배요, 우모하비전 센터에서 드리는 첫 예배이니 모두 설렘이 커 보입니다.

오후에 인라인을 타고 가는 동네 초등학생 남매를 만나 이런저런 얘기 끝에 학교엘 못 가서 섭섭하겠다고 했더니 '그렇기는 한데 좋아요'라며 수줍은 듯 웃었습니다.

그러면서 우리 교회학교 아이들에게 '지난 12주 동안 교회 안 와서 좋았겠다' 그러면 무어라 할까 생각해보았습니다. '숨죽여 드리는 예배 때도' 그렇게 주의 전을 사모했던 아이들이었는데 물어 뭣하겠습니까? 우리 아이들을 생각할 때마다 제 안엔 미소가 번집니다.

'하나님은 영이시니 예배하는 자가 영과 진리로 예배할지니라'(요한복음 4:24)고 하셨습니다. 내일 주일도 이런 예배로 하나님의 기쁨이 되십시다.

어느새 어둑해졌습니다.
평안한 저녁 되십시오.

샬롬.

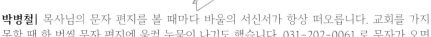

박병철 | 목사님의 문자 편지를 볼 때마다 바울의 서신서가 항상 떠오릅니다. 교회를 가지 못할 땐 한 번씩 문자 편지에 울컥 눈물이 나기도 했습니다. 031-202-0061 로 문자가 오면 '오늘은 뭘까' 라고 기대부터 되었으니까요. 이번 주는 드디어 우리 아이들도 교회에 갈 수 있다는 기쁜 소식을 접하면서 마음이 설렙니다. ㅎ.ㅎ

김재학 | 우모하비전센터를 건축하면서 제일 많이 기도하시고 마음 쓰신 담임목사님과 부교역자들과 사무장, 교회 직원들의 노고가 있었기에 비전센터가 완공되었고, 비전하우스 에서 불평 없이 예배드려온 아이들에게도 감사하며, 비전센터가 완공되기 까지 기도드려온 성도님께도 감사합니다.

역시, 주님

숨죽여 드리는 예배

우리 아이들을 생각할 때마다 제 안엔 미소가 번집니다

우모하비전센터 청소 ('20.5.30)

우모하비전하우스 숨죽이는 예배 ('19.3.3)

5월 19일(화)

잃은 만큼 얻는 것도 있었으니

배성태입니다.

지난 주엔 참으로 오랜만에 교회학교 예배를 드렸습니다. 12주 만의 일이었습니다. 그것도 오랫동안 사모하며 기다리던 우모하비전센터에서 말입니다.

서천초등학교를 빌려 예배한 지 무려 16년 만의 일이었습니다. 중학교 2학년 때 우리 교회에 등록하여 그곳에서 처음 예배드렸다는 서른 된 어느 형제는 '목사님 이제야 우리만의 예배처소를 갖게 되었습니다'라며 감격했습니다.

그렇습니다. 16년, 그 세월 동안 수많은 아이들이 이런 상황속에서도 주님을 만났습니다. 이는 다 하나님의 은혜이며 또한 온 마음 바쳐 아이들을 섬긴 교사들의 눈물겨운 헌신이 있었기 때문입니다. 그리고 묵묵히 한마음으로 격려하고 후원해준 교우 여러분들이 계셨기 때문입니다.

지난 주에 교회학교에 나온 아이들은 모두 500여 명 되었습니다. 마음껏 소리치며 예배하는 아이들의 얼굴엔 말로 다할 수 없는 기쁨이 넘쳤습니다. 비전센터를 세우기 위해 아낌없이 헌신해주시고 계신 교우 여러분께 감사들 드립니다.

그러나 이제부터 시작이라 생각합시다.
사실 지난 3개월 동안 우린 신앙생활에 많이 소홀했었습니다. 하지만 잃은 만큼 얻는 것도 있었습니다. 이를 놓치지 않기 위해 지난 두 주간 예배 때 나누었던 말씀을 다시 묵상하며 석 달 동안의 묵은 기지개를 켜도록 합시다. '성숙한 삶은 오토매틱이 아니라 애씀의 열매'이니까요.

오늘도 평안한 저녁 되십시오.

샬롬.

코로나19 예배 중지 후 첫 교회학교 예배('20.5.17)

우모하비전센터 교회학교 예배('20.7.26)

오정랑| 매 주일 교회에 와서 예배했던 일상이 그냥 주어진 것이 아니었음을 세삼 느끼며 매 주일 예배가 얼마나 소중한 것인가를 몸소 체험하며 이제는 더 사모하며 정성을 다해 예배를 준비하고 드려야겠다고 다짐해 보며 그런 일상이 하나님의 은혜로 주어지는 것임에 더 감사해야 함을 느낍니다.

유미선| 코로나 사태로 우모하 비전 센터를 제대로 보지도 못하고 있습니다. 목회서신을 통해 이런저런 소식을 접합니다. '하나님께서 원하시던 열매는 '애씀의 열매' 일 수도 있겠구나'란 깨달음을 얻습니다. 코로나로 인해 저의 눈과 마음은 더욱 깊이를 얻게 되는 것 같습니다. 늘 애써주시는 담임 목사님, 모든 교역자님, 감사합니다 ^^!!

5월 21일(목)

정금 같이 단련하시는 하나님의 기회

샬롬!
배성태입니다.

지난 가을 신앙수련회 주제를 기억하십니까?「크리스천, 그는 누구인가?」였습니다.
그때 다섯 가지를 묵상했었습니다.
크리스천은
* 하나님을 아버지로 아는 사람
* 성경을 하나님의 말씀으로 믿는 사람
* 예수님을 구주로 믿는 사람
* 교회를 어머니로 아는 사람
* 성도를 가족으로 아는 사람입니다.
그 이후 저는 이를 중심으로 늘 제 자신을 돌아보곤 합니다.

지난 4월 대구에 있는 어느 교회에서 사경회를 요청받았습니다. 거기서도 이 주제로
말씀을 전할 계획이었습니다. 이는 신앙의 경력과 상관없이 모든 크리스천들이
마음에 새겨야 할 것이기 때문입니다. 교우 여러분들께서도 이 주제로 다시 한 번
자신을 꼼꼼히 점검해보시기 바랍니다.

그동안 우리는 코로나19로 인해 삶의 긴 터널을 지나왔습니다. 그러나 이제 거의
출구에 서 있는 듯합니다. 이후 여러 면에서 많은 변화가 있을 것 같습니다. 그러나
성도에게는 이 모든 것이 '정금 같이 단련하시는 하나님의 기회'(욥기 23:10)가 될
것입니다. 이를 함께 소망합시다.

아울러 주일예배에 대해 안내드리겠습니다. 금주부터는 주일예배 참석 여부에 대해
사전신청을 받지 않을 예정입니다. 그러나 생활 속 거리두기 지침을 염두에 두시고
미리 기도해주시기 바랍니다.

저녁 맛있게 드리십시오.
주일에 뵙겠습니다.

'19년 하반기 신앙수련회('19.9.27)

크리스천, 그는 누구인가?
저는 이를 중심으로 늘 제 자신을 돌아보곤 합니다

차양숙 | 믿음에도 부자가 있나봐요. 목사님 저는 그릇이 그리 크지 않아 두 번째 *성경을 하나님의 말씀으로 믿는 사람이 한 가지만이라도 꼭 지키는 사람이 되어 보겠습니다.

황희하 | 샬롬~~^^ 목사님.. 주의은혜로 가족 됨을, 입양시켜주심을 오늘도 넘넘 감사드리며, 보고 싶은 목사님과 교역자 분들, 가족 같은 집사님 권사님 장로님들... 빨리 오손도손 모여 임마누엘주님을 서로 나누고 싶어용... 사랑합니다~ 축복합니다~

5월 23일(토)

소수의 성도들만 드리는 예배의 아쉬움

담임목사 배성태입니다.

한 주간 어떻게 지내셨습니까? 제겐 분주한 날들이었습니다.
그러나 주일을 함께 예배할 것을 생각하며 보낸 시간들이었습니다. 그러나 3개월 전 예배를 드리지 못함을 결정했을 때나 예배를 재개한 지금에 있어서 마음이 무겁기는 마찬가지입니다. 아직도 소수의 성도들로만 예배를 드리고 있기 때문입니다.

하나님께서 찾으시는 그 예배를 위해서 교우 여러분들의 협조가 절대 필요합니다.
* 무엇보다 기도에 힘써 주십시오. 우모하를 위해, Love God Love People을
  사모하는 마음이 회복되길 간절히 기도해주십시오.
* 평소보다 예배당에 일찍 오셔서 생활방역에 협조하신 후 예배에 임해주십시오.
* 매사에 긍정 바이러스가 되어주십시오.
* 그리고 다음 주일은 '한국교회 예배회복의 날'입니다. 교회가 이 땅의 희망이 되길
  함께 소망합시다.

교우 여러분, 사랑합니다.
평안한 저녁 되십시오.

양향숙| 요즘은 하루하루 하나님 아버지께서 허락해주신 시간들이 어찌나 감사하고 소중한지요. 긍휼이 많으신 아버지께서는 여태 기다려주셨던 일들이 얼마나 많았는지요. 다들 힘겹고 답답한 시간들을 보내고 있지만 주님의 자녀들은 지존자의 은밀한 곳에 거주하며 전능자의 그늘아래 사는 자라는 것을 기억하며 살아간다면 힘과 소망으로 이겨낼 수 있으리라 믿습니다. 명선교회를 위해 우리들을 위해 나라를 위해 기도하며 언제나 옳으시고 정의로우시면 언약하신 말씀을 지키시는 하나님 아버지께 감사하며 사랑합니다.

박성희a| 하나님께서 찾으시는 그 예배의 회복을 위해 우리나라 모든나라 하나님 나라를 위해 간절히 기도합니다. Love God Love People.

역시, 주님

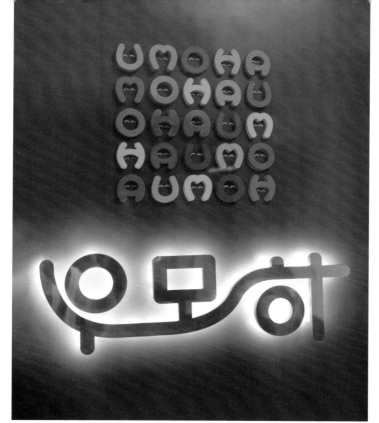

'우모하'는 교회 비전으로 '우리나라 모든나라 하나님나라'를 의미함

제4기 사역('15~'24년)목표 Love God Love People 의미하는 배지badge

5월 26일(화)

코로나19 속 준공된 우모하비전센터, 하나님이 주신 선물

아직은 코로나19의 경계선에 있지만 지난 몇 주간 대면하여 예배를 드리고 나니 마음이 한결 가벼워졌습니다. 비록 소수였지만 얼마나 기뻤는지 모릅니다. 몇몇 교우들께서 제 얼굴이 까칠해졌다고 하셨습니다만 이제 곧 볼살도 오를 것 같습니다. 그럴 수밖에요.

지난 주일엔 우모하 카페의 커피향이 더 진하게 느껴졌습니다. 복도를 재잘대며 소리치며 후다닥 뛰어다니는 아이들이 전혀 성가시지 않았습니다. 애들도 저 만큼 흥분된 듯 했습니다. 당장에라도 목양실 문을 열고 '샬롬'하고 싶은 마음이었습니다. 3부예배 후엔 청년1,2팀 예배를 둘러보았습니다. 어쩔 줄 몰라 하는 젊은이들의 모습이 제겐 사이다였습니다.

요즘은 예전보다 자주 우모하비전센터엘 들립니다. 아직은 미완성인 곳들이 대부분 이지만 괜히 여기도 문 열어보고 저기도 열어보고 로비를 서성입니다. '오 주님 감사합니다. 우리에게 이렇게 큰 선물주심을...' 그런데 곳곳마다 교우 여러분의 모습이 보입니다. 환상처럼-

우모하비전센터, 우리가 사랑해야 할 주님의 성전입니다. 주님의 꿈인 '우모하'가 이제 나의 꿈이 되게 합시다. 바로 오늘 밤 이 꿈 꾸시길-

* '우모하'는 '우리나라 모든나라 하나님 나라'라는 뜻의 약자로 명선교회의 비전이기도 함.

김조은| 사상 초유의 바이러스와 함께 공생해 온 지난 6개월의 시간, 가장 큰 깨달음은 "당연한 것의 소중함"이었습니다. 서로 마주 보며 찬양하고 두 손 맞잡고 기도하던 날들, 환한 미소로 반갑게 인사하고, 함께 여행을 다니고, 맛있는 음식을 나눠먹던 일들. 이런 평범한 일상들이 얼마나 소중한 것들이었는지 미처 알지 못했습니다. '당연한 것'의 단연 최고는 '주님의 사랑'입니다. 아침에 눈 떠서 건강하게 잠들기까지 평범한 모든 일상에 감사하게 되었습니다. 범사에 감사하라.

김성진a| 예전에는 마음껏 예배드리고 성도님들과 교제하는 당연한 것으로 생각했는데 지금 소중함 알게 되었어요. 마스크 없이 웃는 모습으로 예배드리는 그 날을 간절히 기다립니다.

역시, 주님

우모하비전센터

우리가 사랑해야 할 주님의 성전입니다

우모하비전센터 옥상 성경기 게양식('20.6.5)

5월 28일 (목)

원 팀(One Team)으로 가화만사성

배성태입니다.

오늘은 며칠 동안 진행된 우모하비전센터의 조경에 대해 알려드릴까 합니다. 어제부터 시작된 조경은 서울 청계천 조경을 설계하신 정주현 집사님께서 애써주고 계십니다. 기존과는 좀 다르게 쉼터 개념으로 구성했습니다.

조경은 마당과 두 성전 사이의 중정(中庭)과 야외 데크로 구성되어 있는데 심겨진 주요 나무들은 첫 번 성전건축 때 기념식수였던 오엽송, 창립 전 밤나무밭 가운데 심겨져 지금까지 보존되어온 홍송, 오랫동안 뜰 가장자리에 심겨져 있던 청.홍 단풍 두 그루를 옮겨 심었습니다. 그리고 제주농장에서 공수해온 윤노리나무 등등 새롭게 자리를 잡았습니다. 여기에다 코르텐 강판으로 된 경계와 중정, 현대감각의 야외 데크와 야외 카페하우스(설치준비 중)가 어우러져 새로운 풍경을 드러낼 것 같습니다.

그런데 이처럼 서로 다른 이질적인 것들의 어우러짐을 보면서 교회의 속성이 생각났습니다. '우리가 한 몸에 많은 지체를 가졌으나 모든 지체가 같은 기능을 가진 것이 아니니 이와 같이 우리 많은 사람이 그리스도 안에서 한 몸이 되어 서로 지체가 되었느니라'(로마서 12:4-5) 그렇습니다. 우리도 '원 팀으로 가화만사성'입니다.

해가 많이 길어졌습니다. 주차장 내려오는 담벼락 위로 그려진 나무의 긴 그늘이 마음을 푸근하게 합니다.

최희성 | 목사님. 새롭게 조성된 나무들 모두 그냥 심겨지지 않고 다들 한가닥 하는 기념비적 상징이 있는 나무들이라는 사실에 감동을 받았습니다. 나무에 대해 문외 할 뿐 아니라 나무 밑에서 쉴 때 그냥 "좋다"라는 한마디만 할 줄 알았는데, 이렇게 잘 풀어서 설명해주셔서 너무 감사드리고, 이젠 더 많은 쉼과 교제가 있는 공간이 될 것 같아 많이 기대됩니다. 샬롬^^

최선옥 | 하나님 은혜로 우모하비전센터가 아름답게 건축되어져 너무 감사한 마음입니다. 앞으로도 하나님께서 베풀어주실 은혜가 기대됩니다.

역시, 주님

지체

그리스도 안에서 한 몸이 되어 서로 지체가 되었느니라

엄마와 함께 신바람 나는 예배당으로('20.6.14)

6월 15일(월)
새벽예배 시작기도문

귀하고 복된 하루를 주님의 은혜 가운데 시작합니다.

첫 시간을 주 앞에 예배로 드릴 수 있게 하신 것을 감사합니다.

이렇게 깨어 일어나 활동할 수 있는 건강을 주신 것을 감사합니다.

이렇게 맑고 화창하며 선선한 아침에
새소리를 들으며 맑은 공기를 마시며
이렇게 주님의 전에 향하게 하신 것을 감사합니다.

돌아보면 주님 은혜 아닌 것이 하나도 없습니다. 저희들의 활동으로 이루어지는
것이 아니라 오직 주님의 은총으로 되어 지는 세상임을 우리가 알게 하시고, 오늘도
일하시는 하나님, 우리 가운데 모든 일들을 계획하시고 인도하시는 자비로우신
하나님의 그 손길, 그 마음, 우리 안에 머무르게 하시고, 그 뜻을 따라 살아가는
귀한 날 되게 해주시기 바랍니다.

부족한 것으로 염려하거나 걱정하지 않게 하시고, 이미 우리 안에 있는 것
주신 것을 감사하는 귀한 날이 되게 하여 주시옵소서.
작은 것을 감사하는 자에게 더 좋은 것을 채우시는 자비로우신 주님의 아름다운
섭리를 저희들이 알고 있사오니,
주여 오늘도 믿음으로 행하는 귀한 날 되게 하옵소서.

우모하 기도운동 세 번째 기도를 저희가 함께 드렸습니다.
우리의 현실에 있어서 너무나 소중한 기도제목으로 간구함을 주께서 들으셔서
주여, 이 땅에 긍휼을 베풀어 주시옵소서.

귀한 예물을 구별하여 드리는 손길들이 있습니다.
기억해주십시오.
정성껏 구별하고, 마음을 구별하고, 감사로 구별한 이 마음들을 복되게 하시어,
날마다 아버지를 영화롭게 해드리는 귀한 분들, 가정, 일터가 되게 하옵소서.

구주 예수 그리스도의 이름으로 기도합니다. 아멘.

- 배성태 목사 -

6월

믿음밖에는

아무것도 염려하지 말고 다만 모든 일에 기도와 간구로,
너희 구할 것을 감사함으로 하나님께 아뢰라
그리하면 모든 지각에 뛰어난 하나님의 평강이
그리스도 예수 안에서 너희 마음과 생각을 지키시리라
[빌립보서 4장 6-7절]

6월 2일(화)

우모하비전센터 준공 감사예배의 기쁨

지난 주는 함께 모여 예배드린 지 5주차 되는 주일이었습니다. 많은 교우들이 함께 하셨고 매주 여러분들이 등록하십니다. 미처 대면하여 뵙지 못한 교우 여러분들 께서도 잘 계신 거지요?

저녁엔 우모하비전센터의 준공감사예배가 있었습니다. 외부 초청 없이 건축 관계자 몇 분과 우리 명선가족들이 함께 했습니다. 지난해 4월 7일 기공예배를 드렸으니 근 14개월 만의 일이었습니다. 그간 네 번에 걸친 100인 연속금식기도, '동일한 헌금은 아니어도 동일한 헌신을'이라는 슬로건 아래 많은 교우들이 함께해 주셨습니다. 그리고 헌물까지...

이렇게 준비된 우모하성전 전 층에 불을 밝히고 2층 예예홀에서 예배를 드렸습니다. 기도를 대표하신 장로님께선 목이 매여 기도를 이어가질 못했습니다. 돌아보니 모든 것이 하나님의 은혜였습니다. 하나님의 때에 하나님의 방법으로 이 일을 이루신 것입니다. 이 거룩한 일에 우릴 끼워주셨음에 그저 감사드릴 뿐입니다.

그러나 사역은 이제부터입니다.
하나님의 꿈인 우모하를 위하여 우리 함께 달려갑시다.

샬롬.

배성태 드림

김성진a| 우모하 하우스에서 숨죽이는 예배를 드리다가 이렇게 좋은 성전에서 마음껏 예배드릴 수 있어서 너무 감사해요. 기도의 힘으로 벽돌 한 장 한 장 쌓아올린 것이고 이곳의 우리의 마음, 우리나라 모든나라 하나님 나라가 있습니다.

박정숙| 밤마다 산책삼아 교회를 찾았습니다. 공사현장을 둘러보며 아무 사고 없이 하나님의 은혜로 채워지길 기도했습니다. 우리아이들의 미래가 달려있는 우모하비전센터가 완공된걸 보니 마음이 벅차오릅니다.

믿음밖에는

우모하비전센터 준공감사예배('20.5.31)

하나님의 꿈
돌아보니 모든 것이 하나님의 은혜였습니다

우모하비전센터 준공예배 후 기념('20.5.31 저녁)

6월 4일(목)

세 그루의 나무와 제 자리를 지킨다는 것

배성태입니다.

우모하 성전의 준공과 함께 조경을 마무리 하면서 감회가 컸습니다. 창립 초기의 흔적이 묻어 있는 몇 그루의 나무 때문이었습니다.

36년 전 당시 야산 밤나무와 참나무로 덮인 야산 가장자리에 있던 홍송(紅松)이 유일하게 살아남아 긴 세월을 함께 해주었습니다. 가지가 그렇게 풍성할 수가 없습니다. 외대(外臺)로 자란 소나무가 이처럼 가지가 많은 것은 흔치 않은 일입니다. '지체'라는 말을 워낙 많이 들은 탓이 아닐까 싶습니다. 그리고 이듬 해 첫 번 성전 봉헌을 기념하여 심었던 새파란 청춘의 오엽송(五葉松)이 노송의 모습을 한 것을 보면서 세월을 실감했습니다.

그해 가을 마당입구에 서 있는 느티나무가 이곳으로 왔는데 옮겨 온 주인의 부재 속에도 홀로 뿌리를 내려 이제 마당의 절반을 덮고 있습니다. 이처럼 오랜 세월 벗이 되어준 홍송 오엽송, 느티나무, 이놈들을 보면 볼수록 그렇게 정겨울 수가 없습니다. 그래서 내 벗들에게 말해주었습니다.
'이렇게 잘 자라주어 고맙고 제자리에 있어주어 정말 고맙다'

그리곤 또 올려다봅니다.

박영선b| 가지가 많아진 홍송. 이젠 뿌리를 깊게 내려 마당의 절반을 덮는다는 느티나무의 모습이 마치, 많은 지체가 함께하며 뿌리 깊은 영성을 간직한채 오래도록 교회에 머무는 우리의 모습이길 기도해봅니다.

김희영c| 교회 앞마당의 어린 느티나무가 세월이 흘러 커다란 그늘을 만들어주는 나무가 되듯이 우리 아이들이 명선의 그늘아래 깊은 뿌리내린 신앙인이 되길 기도해봅니다^^

믿음밖에는

제1교육관 앞의 오엽송 ('18.5.19)

정말 고맙다
이렇게 잘 자라주어 고맙고 제자리에 있어주어

우모하비전센터 앞의 오엽송 ('20.6.10)

6월 9일(화)

모든 것이 합력하여 선을 이룬다 하셨으니

배성태입니다.

어제 오늘 많이 무더웠죠? 어떻게 지내셨나요? 저희 교직원들은 오늘부터 타이슬링을 착용하는 하절기 복장으로 전환했습니다.

어제 저희 내외는 노회 목회자부부 몇 분과 함께 동해를 다녀왔습니다. 바다가 보이는 카페에서 무려 세 시간쯤 차를 마시며 이런저런 얘기를 나누었습니다. 역시 바다는 동해입니다.

지난 주일, 예배 잘 드리셨지요? 코로나 사태가 아쉬움은 크지만 우리 그리스도인들에겐 모든 것이 합력하여 선을 이룬다 하셨으니 유용한 기회를 만드는 계기가 되셨으면 합니다.

지난 주일부터 예배당에 입장하는 방식이 달라졌음을 알려드리려 합니다. 발열체크는 스크린으로 하고 있습니다. 그리고 금주부터는 출입대장을 기록하지 않고 휴대폰 QR코드로 하게 됩니다. 이는 우리 교회가 외부에 의뢰하여 만든 시스템으로 우리나라에서 최초로 시행되는 방식입니다.

QR코드를 사용하여 출입하는 방법은 이렇습니다.
1. 출입하기 전 휴대폰에서 명선교회 어플을 실행해주십시오.
2. 첫 화면에 나오는 QR코드를 리더기 앞에 살짝 대어주시면 삐하는 소리음이 들립니다. 그런 후 출입하시면 됩니다. 그런데 저처럼 휴대폰이 없거나 폴더폰(2G폰)인 경우엔 예전처럼 하시면 됩니다.

평안한 저녁 되십시오.

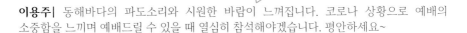

이용주| 동해바다의 파도소리와 시원한 바람이 느껴집니다. 코로나 상황으로 예배의 소중함을 느끼며 예배드릴 수 있을 때 열심히 참석해야겠습니다. 평안하세요~

송이범| 하나님을 안 믿었다면 이런 시기를 감정적으로 힘들어하며 보냈을텐데, 명선교인이라는 이유 만으로 이런 상황도 품위있게 마주할 수 있는 힘을 얻습니다. 매일 기다릴 문자가 있다는 사실 또한 감사합니다.

믿음밖에는

코로나 사태
유용한 기회를 만드는 계기가 되셨으면 합니다

6월 11일(목)

기독교의 힘 '형제애'로 코로나 극복해야

배성태입니다.

오늘 새벽예배 때 묵상한 사도행전 21:17~20의 말씀은 제게 여러 가지를 생각하게 해주었습니다. 그중 하나가 1세기 중반 그리스도인들이 사용한 호칭이었습니다. 당시 기독교는 예수님께서 승천하신 후 30년이 채 되지 않았지만 팔레스틴을 넘어 지중해 연안과 소아시아 유럽의 그리스 로마에까지 영향력을 떨쳤습니다. 복음이 들어가는 곳마다 문화의 변혁이 일어났었습니다. 이를 가능하게 했던 것 중의 하나가 호칭이었다고 생각됩니다. 유대 크리스천들과 이방 크리스천들은 서로를 '형제'라고 불렀는데 이로서 강한 연대감이 형성됐던 것입니다.

'형제란 우린 본질적으로 같다는 신앙고백'입니다. 이는 하나님이 한 분이시요 주도 하나요 믿음도 하나요 세례도 하나요 영생의 생명도 하나라는 것에서 비롯된 것입니다.(에베소서 4:4-6) 이로서 그리스도인들은 서로를 형제라 부르며 영접하며 세워주었습니다. 이처럼 형제애로 인한 연대감이 기독교의 힘이었습니다. 사실 유대 인들은 이방인들을 영혼 없는 짐승으로 보았습니다. 구원에 있어 등외로 취급했었습니다. 이런 문화 속에서 서로를 형제라 부른다는 것은 획기적인 것이었습니다.

그렇습니다. 기독교 2000년 역사엔 이런 아름다운 유산이 있습니다. 그래서 선교가 가능했고 대륙을 넘어 다름을 넘어 하나님 나라를 위해 함께 나아갈 수 있었던 것입니다. 그래서 본문에서 본 바와 같이 당시 유대 크리스천과 이방인 크리스천들이 예루살렘에서 만났을 때 초면임에도 불구하고 서로를 형제라 부르며 영접했던 것입니다. 이 모습이 얼마나 아름다워 보였는지 모릅니다.

교우 여러분, 그리스도인은 모두 한 형제자매입니다. 그중에서도 우린 명선가족 입니다. 비록 코로나 사태로 인해 오랜 시간 성도의 교제가 많이 위축되어 있지만 매일 교우들의 얼굴을 떠올리며 기도로 축복해준다면 더 깊은 형제애를 느끼게 될 것입니다. 이를 위해 매일 저녁9시, 10분 정도 우모하기도운동 기도제목으로 함께 기도할 것을 제안합니다. 형제자매 여러분 오늘부터 기도로 만나요.

샬롬.

"그 막대기들을 서로 합하여 하나가 되게 하라 네 손에서 둘이 하나가 되리라"(겔37:17)

소원 SO ONE

2014 수원지역

통일 사역자 훈련

수원지역 통일 사역자 훈련('14.6.14)

교회 소나무동산 그네에서('14.7.20)

김정인| 저와 우리가족을 택하여 자녀삼아 주시고 좋은교회 명선교회로 인도하시어 믿음안에 서로 교제하며 성장하게 하시는 주님께 감사드립니다♡

김성윤| 말은 인격의초상이라고 합니다. 주님안에서 하나된 그리스도인이 먼저 '살리는 말, 따뜻한 말, 온유한 말, 사랑의 말'을 서로 주고받는다면 복음,복소리가 더 잘 전하여지지 않을까 생각합니다~

6월 13일(토)

사람으로 측량할 수 없게 하셨으니

배성태입니다.

한 주간 많이 분주하셨지요?
토요일, 꿀맛 같은 하루 잘 보내시기 바랍니다. 저는 좀 전에 교우의 장례식
발인예배를 드리고 왔습니다. 안타깝게도 그간 코로나 상황 중에 몇 분이 소천
하셨습니다. 평소에 건강하셨던 분들이라 가족들도 놀라고 저도 교우들도 많이
놀랐습니다. 이렇게 떠나시리라곤 정말 몰랐습니다.

하지만 '범사에 기한이 있고 천하만사가 다 때가 있나니 날 때가 있고 죽을 때가
있으며... 하나님이 하시는 일의 시종은 사람으로 측량할 수 없게 하셨다'(전도서
3:1,2,11)고 말씀하셨으니 믿음으로 받아들여야겠습니다.

* 그리고 우리 더욱 건강에 유의하도록 합시다.
* 산 자나 떠난 자나 후회가 남지 않도록 늘 자신을 돌아봅시다.
* 사랑할 수 있을 때 맘 다해 사랑하고 일할 수 있을 때 열심히 일하다
  주 앞에 서도록 합시다.
* 무엇보다 자신의 구원을 확인해보시기 바랍니다.
  오늘 죽어도 천국에 갈 수 있는지를...

아멘입니까? 그럼 됐습니다.
늘 '예수생명 천국소망'으로 지내시기 바랍니다.

그리고 내일 주일예배, 어떻게 할지 결정하셨습니까?

늘 평안하시길 기도드립니다.

박선영 | 따뜻한 목사님의 말씀을 접할때마다. 그 옛날 바울서신이 생각납니다. 성도들을
향한 가슴 저린 사랑을 전한 바울의 마음이 목사님을 통해 느껴질때 큰위로와용기를
얻습니다 우리를 향한 끝없는 하나님의 사랑을 말씀해 주시는 목사님의 사랑으로 오늘도
말씀안에 승리합니다 늘 표현은 못하지만 목사님 감사하고 사랑합니다~~^^

강세훈 | 범사에 때가 있다는 주님 말씀이 더 절실히 와닿는 나눔 감사드립니다!! 오늘도
여느때와 다름없는 반복되는 일상 같지만 주님께서 특별히 허락하신 또다른 새로운
하루라는것을 인식하고 현존하시는 하나님과 동행하는 하루를 살겠습니다! 샬롬^^

믿음밖에는

건축 중인 우모하비전센터를 바라보며(담임목사님 '19.6.5)

지리산 명선봉 등산 중('17.6.5)

다 때가 있나니
후회가 남지 않도록 늘 자신을 돌아봅시다

6월 16일(화)

왕성한 성경식욕으로 '영(靈)찐자' 돼야

배성태입니다.

어제 저녁의 일입니다. '오늘 저녁엔 뭘 먹을까... 우리 자장면 먹자' 아내의 의외의 제안에 대번에 오케이했습니다. 그리고 아이들을 불러 동네 맛집을 찾아 중화요리 대표음식인 자장면, 짬뽕, 탕수육을 시켜 맛있게 먹었습니다.

아내는 요즘 들어 '뭘 먹을까 이거 만들어 먹자'는 말을 종종합니다. 그때마다 얼마나 반가운지 모릅니다. 한땐 먹고 싶은 것도 없고 뭘 먹어도 맛이 별로였던 때가 있었으니까요. 그러니 어찌 반갑지 않겠습니까? 식욕은 건강의 청신호라고 하잖습니까? 그리곤 곧 일품요리를 뚝딱 만들어냅니다.
식욕, 좋죠. 이것이 주는 즐거움이 얼마나 큰데요. 요즘 여러분의 식욕은 어떻습니까? '확찐자'도 많아졌다고 합디다만-

그런데 오늘 한 가지를 추가해 보려합니다. '성경식욕'입니다. 예수님께서 그러셨잖습니까? "사람이 떡으로만 살 것이 아니요 하나님의 입으로부터 나오는 모든 말씀으로 살 것이라"(마태복음 4:4) 이 식욕 여부가 영적상태의 바로미터가 되기 때문입니다. 우리에게 이 성경식욕이 솟구친다면 얼마나 좋을까 싶습니다. 다윗왕과 여호사밧왕의 성공적인 삶의 바탕이 바로 이 성경식욕이었잖습니까?

이 성경식욕과 관련된 고백들이 성경 곳곳에 많이 있습니다만 시편 119편엔 집중되어 나타납니다. "내가 모든 재물을 즐거워함 같이 주의 증거들의 도를 즐거워하였나이다/ 주의 법이 나의 즐거움이 되지 아니하였더면 내가 내 고난 중에 멸망하였으리이다/ 주의 말씀의 맛이 내게 어찌 그리 단지요 내 입에 꿀보다 더 다니이다/ 내가 주의 계명들을 사모하므로 내가 입을 열고 헐떡였나이다/ 주의 말씀을 조용히 읊조리려고 내가 새벽녘에 눈을 떴나이다"(시편 119:14,92,103,131,148) 이 얼마나 우리의 가슴을 뛰게 하는 고백들입니까?

'성경정(情)독' 잘하고 계시죠? 밤참은요? 부디 성경식욕이 왕성하셔서 '영(靈)찐자'가 되시기 비옵나이다.

명선가족 여러분, 사랑합니다.

밑음밖에는

김혜경b| "이 코로나 시간들이 말씀과 더불어 일품요리를 설레며 즐거워하는 것보다 더 기다리며 설레며 즐거워 하는 시간들로 채워지길 소망하게 됩니다"

허은주| 몸의 식욕은 때를 거르지 않았는데 영의 양식에는 잊을때도 많았어요 목사님 언제나 부드러운 음성으로 '다시 일어나야지' 하는듯 하시니 감사합니다. 목사님♡ 목사님이 시켜드신 맛집 공유해주세요~

6월 18일(목)

절벽, 뒤돌아보면 절경인 것을

배성태입니다.

시인 윤삼열님의 '절벽'이란 제목의 시를 소개합니다.

삶이 너무 힘들어
절벽을 타는 것 같아도
뒤돌아보면
빼어난 절경이어라

'절벽과 절경'이 이렇게 연결되다니 시인의 상상이 놀랍습니다. 그러나 이런 예는 얼마든지 많습니다. 윤 시인 역시 지금 암투병 중인데 그의 절벽인생이 절경인생이 되리라 믿으며 응원합니다.

이 시(詩)가 「길벗」이라는 월간지 6월호에 실렸습니다. 아내는 감동이 되었는지 금주에만도 세 번이나 얘기했습니다. 「길벗」이란 월간지는 우리교회가 동역하고 있는 '거리의천사들'과 북한장애인 돕기 사역을 하고 있는 '길동무'에서 공동발간하고 있습니다. 지난 3월 창간호에는 봉준호감독과 BTS에 관한 기사도 실렸는데 대부분의 기사와 사진은 재능기부 되고 있습니다.

기사의 성경은 주로 '공공의 유익과 정보, 교양, 글로벌 세상 이야기'를 담고 있으며 수익금은 봄(장애인), 여름(탈북민), 가을(다문화 이주민), 겨울(노숙인), 그리고 긴급한 이들의 지원을 위해 사용됩니다. 요즘들어 '봄여름가을겨울 벗님들'의 고초가 이만저만이 아닙니다.

이를 위해 명선가족 여러분들의 성원을 바라며 당부드리려 합니다. 운영에 함께해주십시오. 제작비용은 광고와 후원 그리고 정기구독으로 이루어집니다. '길벗'이 되어주시기 바라며 「길벗」의 안내를 드립니다.

1년 정기구독료 12만원
국민은행 005701-04-217521
길벗(안기성)

정기구독 및 광고후원 문의
010-2000-0577
주소: 03100 서울시 종로구 이화장길 36
대표전화: 02-766-6336
팩스: 02-766-6338
e-mail: st10048291@daum.net

입금 후 연락주시면 최신호부터 바로 보내드립니다.

믿음밖에는

절벽

삶이 너무 힘들어
절벽을 타는 것 같아도
뒤돌아보면
빼어난 절경이더라

시인 윤삼열

길벗 2020년 6월호 내용 중

김지현ㅣ 보내주시는 목사님의 편지를 통해 지금의 힘든 시간들을 외롭지 않게 보내고 있습니다. 목사님의 편지를 받으면 큰 위로를 받습니다. 오늘은 절벽인생이 절경인생이 되리라 믿는다는 말씀이 소망으로 바라보게 해주심을 감사드립니다. 저도 길벗의 정기구독자가 되고 싶은 마음이생기네요. 힘든 시기에 함께 동참하고 싶습니다. 사랑하는 목사님, 힘내시고 강건하세요, 그리고 가슴 깊이 사랑합니다♡

표미영ㅣ 따뜻한 문자가 도착한다. 문자인데도 그 온기가 느껴진다. 문자를 받으면 차분하게 앉아서 다른 모든 신호를 끄고 집중한다. 보통의 천편일률적인 안부 문자가 아니기 때문이다. 배 목사님이 보내는 감정 주파수에 나도 같은 파동으로 맞추고, 조금 느리게 쉬어간다. 참 감사한 순간들이다.

6월 23일(화)

새로운 판 짜고 계시리라 믿기에

배성태입니다.

지난 주일 오후, 최근에 큰 어려움을 겪게 되신 어느 교우를 만났습니다. 상상할 수 없는 일 앞에서 아직도 가슴이 먹먹하여 눈물이 그치질 않는다고 했습니다. 좋은 일은 좋은 일대로, 아쉬움은 아쉬움대로, 그리움은 그리움대로 눈물이 된다고 했습니다. 그러면서 이제 어떻게 했으면 좋겠냐고 묻길래 노트를 구입해서 감사한 것들을 생각나는 대로 적어보시라고 했습니다. 좋은 것은 좋은 대로, 아쉬운 것은 아쉬운 대로, 그리운 것은 그리운 대로...

사실 요즘 대한민국 대부분의 국민들은 많은 고초를 겪으며 살아가고 있습니다. 여기에다 무더위까지 겹쳤으니 더 힘들게 됐습니다.
그러나 '피할 수 없으면 즐기라'고 했습니다. 문명의 발전도 불편함과 아쉬움, 고통이 동기가 된 경우가 대부분입니다. 그러나 '하나님이 하시는 일의 시종을 사람으로 측량할 수 없게 하셨다'(전도서 3:11) 하셨으니 하나님께서 새로운 판을 짜고 계시리라 믿고 우린 우리 나름대로 내 신앙의 판을 한 번 점검해 보면 좋을 것 같습니다. 지난주일 묵상했던 것과 같이
* 나는 하나님을 두려워하고 신앙의 정조를 지키는 참 신자인가?
* 나는 죄를 무서워하고 경건을 생명처럼 여기는 사람인가?
* 나는 참예배자인가?

저희 교역자들은 지금 이를 염두에 두고 자체 세미나를 하고 있는 중입니다. 저는 잠시 휴식시간 짬 내어 목회서신을 쓰고 있습니다.

어제 오늘 많이 덥습니다. 내일부턴 장마 소식도 있습니다. 교우 여러분 늘 건강하시길 기도드립니다.

샬롬.

믿음밖에는

맥추감사절 보리떡 나누기('14.7.6)

피할 수 없으면 즐기라
내 신앙의 판을 한 번 점검해 보면 좋을 것 같습니다

지희숙| 목사님께서 고난에 대처하는 좋은 방법을 알려 주셨습니다. 저도 좋은 삶의 습관으로 시도해 보려고 합니다. 사실 너무 힘들고 고통스러울 때는 기도도 잘 안 되고 무력감과 허무함이 기도하는 것을 막습니다. 이때 하나님께서 지난 세월 동안 베풀어주신 은혜에 집중하면서 하나님께서 함께 하신다는 임마누엘 신앙 위에 굳게 서야 합니다. 감사합니다.

박수현| 누구라도 할 것 없이 두려움에 초조해지는 요즘, 잠잠히 자신의 내면을 바라보며 내 안에 계신 주님과 소통하는 시간을 갖게 됩니다. 목사님께서 말씀하신 것처럼 노트에 감사제목을 적다 보니 긍정의 마음으로 세상을 바라보게 되며, 한없는 주님의 사랑이 느껴져 저도 모르게 '감사합니다'를 외치며 하루 하루를 살아가고 있습니다.

6월 25일(목)

성장하고 단단해지는 기회의 시간

담임목사 배성태입니다.

코로나 사태로 온라인예배를 개설한 지 어느덧 4개월이 지나고 있습니다. 당시만 해도 두 주면 되겠지, 또 석 주 지나면 괜찮아지겠지 라고 생각했었는데 안타까움에 목이 멥니다.

며칠 전엔 지난 4개월 동안 온라인예배 조차 한 번도 드리지 못했다는 교우를 만났습니다. 설마했습니다. 그런데 사실이었습니다. 이러다 큰 일 나겠다 싶었습니다. '교회 2개월만 안 나가면 넌 크리스천(non-christian)이 된다'는 말이 있는데 어떡하면 좋죠? 그 순간 번뜩 떠오른 것 셋이 있었습니다. '주여 우리를 불쌍히 여기소서' '카타콤', '근신하라 깨어라 너희 대적 마귀가 우는 사자 같이 두루 다니며 삼킬 자를 찾나니 너희는 믿음을 굳건하게 그를 대적하라'(베드로전서 5:8-9)

수요예배 때 대표기도 하신 집사님은 울먹이며 이렇게 기도했습니다.
'오늘도 저희에게 하루를 시작하게 하여 주시고 주님께 예배드릴 수 있는 시간과 장소와 마음을 허락해주심에 감사드립니다...'

지금 저희는 쉽지 않은 시간을 보내고 있습니다. 그렇지만 이런 시간이 저희에게 독이 되기보다 뜨거운 햇살아래 열매가 맺히기 시작하는 것처럼 저희들도 이 시간을 통해 성장하고 단단해지는 기회의 시간으로 만들어 갈 수 있게 하여 주시옵소서.

우모하비전센터가 완공되고 교회 마당에는 곳곳에 더 많은 벤치들이 놓여있는 것을 보며 이 곳이 아이들의 예배와 웃음소리로 많은 성도님들의 교제로 채워지는 그날이 너무나도 기다려집니다. 주님, 저희들이 이런 마음과 소원을 주님께서 아시오니 물을 포도주로 만드셨던 것처럼 저희들의 상황을 회복시켜 주시옵소서.'

명선교우 여러분, 신앙은 오토매틱이 아니라 수동입니다.
자신이 만들어가는 것입니다.

오늘도 우리 모두 위에 주님의 은총을 빕니다.

샬롬.

믿음밖에는

6.25 음식 체험하기('14.6.22)

감사드립니다
주님께 예배드릴 수 있는 시간과 장소와 마음을 허락해주심

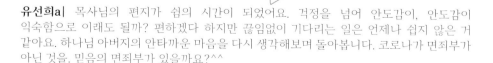

유선희a| 목사님의 편지가 쉼의 시간이 되었어요. 걱정을 넘어 안도감이, 안도감이 익숙함으로 이래도 될까? 편하겠다 하지만 끊임없이 기다리는 일은 언제나 쉽지 않은 거 같아요. 하나님 아버지의 안타까운 마음을 다시 생각해보며 돌아봅니다. 코로나가 면죄부가 아닌 것을. 믿음의 면죄부가 있을까요?^^

박인화| 언제나 예수님의 마음으로 저희들을 보살펴주시는 배 목사님! 너무너무 감사해요. 코로나가 길어지면서 교제를 할 수 없어서 늘 안타까운데 목사님께서 때마다 보내주시는 글이 많이 위로가 됩니다. 온라인으로 드리는 예배지만 주일성수 꼭 하고 있고요, 목사님, 감사합니다.

6월 27일(토)

불확실한 시대, 믿음밖에는

배성태입니다.

한 주간 잘 보내고 계십니까? 지금 계신 곳은 어디십니까? 고속도로 상하행선이 나들이 차량으로 붐볐다던데 이렇게 좋은 날 집안에 머물긴 쉽지 않으실 겁니다. 한 주간의 날씨도 변화무상했습니다. 비, 햇빛, 무더위, 선선함... 아무튼 몸 건강 마음 건강 잘 챙기시기 바랍니다.

내일은 한 해의 절반을 마감하는 주일입니다. 교회에서는 주일예배 준비에 최선을 다하고 있습니다. 하지만 요즘 제 마음을 솔직히 말씀드리면 '이제 교회 나오시라 하기도 어렵고 그렇다고 집에서 온라인으로 예배 잘 드리시라' 말씀드리기도 아쉬움이 있습니다.

그러나 중요한 것은 6월14일 주일예배 때 묵상했던 말씀처럼 다윗의 처음 길로 행했던 여호사밧의 믿음으로 무장되어 있어야 한다는 것입니다.(역대하 17:3) 왜냐하면 오늘날 같이 모든 것이 불확실한 시대엔 그 어떤 것도 우리를 보장해줄 수 없기 때문입니다. 믿음 외엔- 그렇습니다. 이는 세월이 가고 세상이 변해도 영원히 변치 않는 하나님의 축복의 원리입니다. 그러므로 평소에 믿음으로 자기관리를 잘해야만 합니다.

교우 여러분, 내일은 거룩한 주일입니다. 이날을 구별하여 하나님을 예배하는 것은 구원함을 받은 우리의 당연함입니다.

복된 주일되시기 바랍니다. 평안한 밤 되십시오. 사랑하고 축복합니다.

박명주| 하루하루 버티다 보니 벌써 1년의 반이 지나버렸네요. 하지만 파도가 클수록 닻의 소중함을 알듯 코로나 세파 속에서 저와 가족을 지켜주는 건 오직 주님뿐 이라는 것이 더욱 또렷해지는 요즘입니다.

김주희| 너는 내게 부르짖으라! 내가 네게 응답하겠고 네가 알지 못하는 크고 비밀한 일을 네게 보이리라(예레미야 33:3)라는 말씀을 간직하며 사는 요즘입니다. 기도가 얼마나 강력한 무기인지를 잊고 지내다가 지금의 어려운 시기를 이겨내고자 기도를 찾는 어리석은 저이지만 앞으로는 주님을 향한 믿음을 놓지 않고 나아가겠습니다!

채승호| 주일 아침...당연하게 생각하던 교회 가는 길이 이토록 간절할 수 없습니다. 오늘은 어떤 은혜가 있을까 생각하던 그 일상이 이젠 기약없는 약속이 되어버린 것 같아 너무 아쉽습니다. 나의 갈길 다가도록 예수 인도하시니 어려운 일 당한때도 족한 은혜 주시네 (384) 아이들이 좋아하는 찬송을 같이 부르며 다시 빨리 일상으로 돌아 갈 수 있도록 가족 모두 간절히 기도드립니다.

영남신학대학 오규훈 전 총장과 함께('18.6.9)

6월 30일(화)

워룸(War Room), 기도 우선의 삶

배성태입니다.

주일 그리고 이후 잘 지내고 계시지요? 저는 아직도 주일저녁 명선 시네마 「워룸(War Room)」의 감동이 가시지 않고 있습니다. 두 번이나 극장에서 개봉했음에도 전이제야 봤습니다. 기도의 삶을 돌아보게 해주었고 기도에 더욱 소망을 품게 해주었습니다. 영화의 내용이 실화는 아니지만 그리스도인들의 삶에 충분히 있을 만한 내용이었습니다.

주인공은 기도의 힘을 믿는 사람이었고 매일의 삶 속에서 그렇게 하나님을 경험하고 있었습니다. 그는 집안에 기도하는 공간을 마련해두었는데 이곳을 워룸(War Room: 영적 전쟁을 치르는 곳)이라고 불렀습니다. 자기가 가장 좋아하는 공간이라고 소개했습니다. 워룸, 이는 기도가 무엇인지를 한마디로 압축한 너무도 멋진 표현이었습니다. 진짜 싸움은 물리적인 것이 아니라 영적인 것이니까요.

그러므로 그 어떤 일도 기도보다 앞서선 안되겠습니다. 기도 우선의 삶이 아주 중요합니다. 늘 기도에 깨어있어야 합니다. "아무 것도 염려하지 말고 다만 모든 일에 기도와 간구로, 너희 구할 것을 감사함으로 하나님께 아뢰라. 그리하면 모든 지각에 뛰어난 하나님의 평강이 그리스도 예수 안에서 너희 마음과 생각을 지키시리라" (빌립보서4:6-7)고 약속해주셨기 때문입니다.

명선가족 여러분, 지금은 기도할 때입니다. 무릎으로 천국과 피조세계를 움직이는 일에 함께해 주십시오. 이를 위해 '7월 우모하기도운동 기도제목'으로 기도해주시기 바랍니다.

샬롬.

김현주ㅣ "몇 해 전에 본 War Room, 그때의 감동이 되살아나네요. 하나님께서 일하시게 하는, 가장 강력한 무기인 기도는 미뤄둔 체 스스로 어떻게 해보겠다고 애쓰고 낙심하기를 반복하는 제 자신을 회개합니다. 온 세상의 창조주이시며, 제 삶의 주인이신 하나님의 다스리심이 저희의 기도를 통하여 이루어지기를, 그 기도의 통로가 되는 제 자신이 되기를 간절히 소망합니다!"

주신애ㅣ 오랫동안 온라인 예배를 드리며 목사님의 목양편지에 늘 은혜를 받습니다. 그리스도인의 가장 큰 무기가 기도이기에 우리가 내딛는 모든 곳, 숨 쉬는 모든 곳이 기도로 충만한 '워룸'이 되도록 노력하겠습니다.

믿음밖에는

지금은 기도할 때

무릎으로 천국과 피조세계를 움직이는 일에 함께해 주십시오

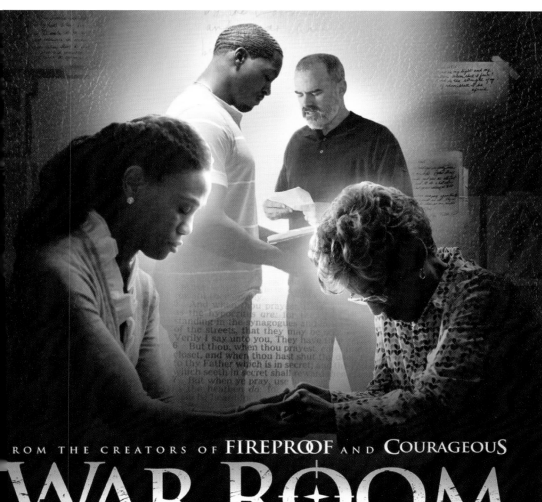

ROM THE CREATORS OF FIREPROOF AND COURAGEOUS

WAR ROOM

PRAYER IS A POWERFUL WEAPON

7월 2일(목)
새벽예배 마무리기도문

하나님 아버지,

2천 년 전 유라굴라 광풍 속에서 살아난 이 말씀을 오늘날
코로나 사태에 비유해도 되는지 잘 알지는 못하지만,
오늘 주께서 주신 말씀을 통해 저희는 이 시대를 향해
소망과 기도제목을 갖게 되었습니다.

주님, 끊임없는 시대의 변화, 사건 사고, 세상에 일어나는 이런 광풍들, 하나님
모르시는 것이 하나도 없으시며, 또 모든 삶의 문제를 해결하지 못할 것이 주께서는
없으시다는 사실을 저희들이 믿기 때문에, 이 상황 역시도 하나님의 손안에 있으며
하나님이 친히 모든 것들을 결정하신다는 사실을 저희들이 믿고, 이 시간 주 앞에
기도하려 합니다.

유라굴라 광풍이 인간의 오판으로 인하여 되어진 것이었으나, 사명의 사람 바울을
통해 그를 살리시기 위해서라도 주님은 그 주변을 살려주신 이 아름다운 신비한
섭리를 저희들이 바라보며, 주여, 우리 때문에라도, 주를 예배하는 저희들
때문이라도, 저희를 통해 세상에 생명의 복음을 전하여 세상을 살리시려는 주님의
구원의 아름다운 섭리로 인하여서라도, 주여, 병으로 인해 죽는 일, 병으로 인해
세상이 무너지는 일 생기지 않도록 우리 주님 도와주시기 간절히 빌고 원합니다.

저희가 바울같이 사명에 충실하지는 못합니다. 바울처럼 주님 앞에 지극히
헌신적이지는 못합니다.
그러나 주님, 저희들도 고난을 통해서 점점 정신을 차려가고 있습니다.
자비로우신 주여, 우리가 이 사실을 믿고 주 앞에 기도하오니, 주여, 이 땅을 긍휼히
여겨주시고, 이 세상의 모든 전염병이 홍해가 갈라지듯, 동시에 멈춰서는 놀라운
기적들이 이 땅 가운데 일어나게 하여 주시옵소서.

주여, 유라굴로 광풍을, 광풍 속에서도 백성들을 살려내신 우리 하나님, 우리를 이
세상에서, 이 어려움 가운데서, 두려움과 절망 가운데에서 구하여 내시옵소서.
하나님께 영광을 돌릴 수 있도록 도와주시옵소서.
이를 통해 세상이 하나님이 모든 일의 주재자 되심을 알게 하여 주시옵소서.

우리의 구세주 예수 그리스도의 이름으로 기도드리옵니다. 아멘.

- 배성태 목사 -

7월

흔들림 없이

감사로 제사를 드리는 자가
나를 영화롭게 하나니
그의 행위를 옳게 하는 자에게
내가 하나님의 구원을 보이리라
[시편 50편 23절]

7월 2일(목)

지나친 두려움은 독, 성경적 처방전은

'안심하라. 두려워 말라. 나는 하나님을 믿노라' 오늘 새벽예배 때 사도행전 27장에서 보았던 말씀입니다. 이는 바울 일행이 지중해를 항해하던 중에 유라굴로라는 광풍을 만나 사경을 헤맬 때 하나님께서 바울 곁에 서서 하신 말씀이었습니다. 이로서 바울은 두려움을 떨치고 일어나 함께 했던 사람들을 안심시켰고 결국 275명 전원이 무사할 수 있었습니다.

이 광경을 보며 눈이 번쩍 뜨였습니다. 어려운 시대를 살아가고 있는 우리를 향한 하나님의 음성처럼 들렸습니다. 이 감동은 새벽예배 후 점점 더 커졌습니다.
사실 요즘 대부분의 사람들은 막연한 두려움에 사로잡혀 있습니다. 만일 코로나 사태가 이처럼 지속된다고 생각해보십시오. 계속 이렇게 두려움에 사로잡혀 지내실 것입니까? 지나친 두려움은 여러 측면에서 독이 됩니다. 그러므로 두려움을 잘 관리해야 합니다.

성경에는 '두려워말라'는 말씀이 365번 나옵니다. 신묘하지 않습니까? 하나님께서는 우리가 매일 '두려워 말라'는 주님의 말씀을 듣길 원하십니다. 사실 두려움을 이기는 길은 다윗이나 이사야나(지난 주일말씀 참조) 바울이나 다르지 않습니다. 그것은 내 곁에 계신 임마누엘의 하나님을 믿고 그 말씀을 경청하는 것입니다.

교우 여러분, 이 세상을 사는 동안 두려움은 계속될 것입니다. 그러므로 그때마다 계속 주님을 바라보아야 합니다. 이것이 두려움에 대한 성경적 처방입니다.

평안한 저녁 되십시오.

배성태 드림

김선자b| 두려워 말라'는 말씀이 365번이라니 저희가 매일 두려워하며 사는 것을 어떻게 아셨을까요? 백발이 되기까지 우리를 업고 품어 주시는 하나님만 매일매일 믿고 나아가겠습니다. 목사님께서도 평안한 저녁 보내세요 감사합니다~♡

조말임| 아멘~~코로나 바이러스로 인한 실체도 없는 막연한 두려움 속에서 우리가 하나님과 멀어질 때 그 두려움은 더 커집니다. 지금, 이 때 가 하나님의 첫 사랑을 기억하며 회복 할 때입니다 '임마누엘 하나님' 이라는 확실한 성경적 처방이 있으니 우리는 언제나 '샬롬'입니다.

흔들림 없이

교회 입구로 옮긴 저 주시는 하나님 조각상('20.5.3)

두려워 말라

내 곁에 계신 임마누엘의 하나님을 믿고 그 말씀을 경청하는 것

7월 7일(화)

'이상 없음'에 감사해야

배성태입니다.

오늘 새벽예배 말씀(사도행전 28:1-6)을 묵상하면서 일상의 감사를 잊고 산 것에 대해 하나님께 많이 송구했습니다. 누구를 막론하고 어려움에서 도움을 입었을 땐 의당 감사를 하지만 신체적으로나 삶의 여러 영역에서 '이상 없음'에 대해선 당연히 여겨서인지 감사를 모르는 듯합니다.

사실 아침에 일어났을 때 이목구비가 제대로 활동하고 사지를 움직일 수 있고 심장이 뛰고 있다면 이는 정말 감사한 일입니다. '밤새 안녕'이란 말도 있지 않습니까? 또 하루를 마치고 어제와 같이 잠자리에 들 수 있으면 이 또한 감사한 일이 아닐 수 없습니다. 알게 모르게 내 곁을 스쳐간 위기의 순간들이 얼마나 많았을까요? 모든 순간이 기적의 연속입니다.

어렸을 적 어느 날 아침에 일어나려는데 눈이 떠지지 않았던 적이 있었습니다. 얼마나 당황했는지 모릅니다. '이웃의 누구처럼 내가 장님이 된 것이구나' 그리고는 '엄마, 앞을 볼 수 없어요. 눈을 뜰 수 없어요'라고 소릴 질렀드랬습니다. 그때 어머니는 손가락에 침을 발라 제 눈을 적셔주셨고 드디어 눈을 뜰 수 있었습니다. 눈에 눈곱이 많이 끼었던 탓입니다. 그 후로도 이런 일은 여러 번 계속되었습니다. 요즘도 아침에 눈을 뜰 때면 가끔 그때 생각을 하곤 합니다. 그리고 눈을 뜰 수 있음에, 볼 수 있음에 감사드리곤 합니다.

그러므로 문제가 있어서가 아니라 그렇지 않은 사실에 대해 더 큰 감사를 해야겠습니다. 맥추감사를 넘어 일상의 감사가 넘쳐야겠습니다. "감사로 제사를 드리는 자가 나를 영화롭게 하나니 그의 행위를 옳게 하는 자에게 내가 하나님의 구원을 보이리라"(시편 50:23) 하셨습니다.

명선가족 여러분, 사랑합니다.
평안한 저녁 되십시오.

강인자 | 눈의 눈곱도 감사, 따뜻한 모정의 손길 감사, 눈을 뜰 수 있어 감사, 이 아침 나의 마음속 깊은 곳에 하나님의 말씀이 새겨져서 감사합니다.

김은우 | 우리 배성태 목사님의 목양 서신은 받을 때마다 오랜 친구의 위로처럼 편안하고 늘 감동입니다. Thank you very much for your letter that makes me happy always, shalom.

흔들림 없이

더 큰 감사

문제가 있어서가 아니라 그렇지 않은 사실에 대해

7월 11일(토)

이 정도로 흔들릴 신앙이라면

배성태입니다.

지난 수요일 국무총리의 코로나 방역과 관련한 교회관련 발표를 보고 속상하신 교우들이 많았으리라 생각합니다. 저 역시 '한국교회연합'이 성명서에서 밝혔듯이 편파적이고 사려 깊지 못한 조치였다고 생각합니다. 이로 인해 많은 그리스도인들이 총리실에 항의전화도 하고 청와대 청원게시판에 취소청원을 하기도 했습니다.

그런데 한편으로 생각하면 총리의 나라 살림살이 고충도 이해해야 할 것입니다. 그분도 안수집사라고 알고 있습니다. 결코 마음이 편치 않았을 것입니다. 그러므로 너그러이 받아들이고 매사에 조심하며 우리 스스로를 살핌이 좋을 듯합니다.

또 어떤 분들은 이와 더불어 코로나 사태로 빚어진 여러 가지 일로 인해 성도들의 신앙이 위축되거나 약화될 수 있다고 염려합니다만 이는 우리 기독신앙의 속성을 잘 몰라서 하는 말입니다. 만일 이 정도로 흔들릴 신앙이라면 애초부터 잘못 믿은 것입니다.

어제 새벽 사도행전28:22을 통해 로마에 있던 유대교의 높은 사람들이 사도바울에게 했던 질문을 보았습니다. "우리는 너의 사상이 어떠한지 듣고 싶다. 기독교는 왜 가는 곳마다 반대를 받는 거냐?" 곰곰이 생각해봤습니다. 왜냐면 이것이 지난 2000년 동안 기독교에 대한 세상의 반응이었기 때문입니다. 그러므로 반대나 비난이나 불이익을 받을 때 이를 서운하게 생각하기보다 이 기회에 나는 왜 예수님을 믿는지 내 사상을 점검해보았으면 합니다.

그러므로 교우 여러분, 너무 속상해하지 마십시오. 주님께서도 그렇게 당하셨기에 우리의 심정을 잘 알고 계십니다.(마태복음 5:10-11)

평안한 토요일 되십시오. 내일 뵙겠습니다.

김세영| "네 목사님, 스스로를 더 돌아보자는 말씀이 크게 와 닿네요. 나는 왜 예수님을 믿는지 생각하는 게 코로나시대 최고의 힐링법인 거 같아요. 벌써 마음에 번지는 이 은혜... 그래서 오늘도 샬롬!입니다.^^

오희정| 믿는 자로서 말과 행동에 있어서 더욱 신중하고 조심해야겠구나 생각하며 작년가을 신앙수련회 주제를 다시금 떠올리며 크리스천 그는 누구인가?" 나는 어떤 크리스천인가? 생각해보는 시간이었습니다.

흔들림 없이

2019년 사역박람회 (’19.11.10)

SP커뮤니티 바자회 (’19.6.23)

7월 15일(수)

이 또한 아름다운 추억되길

배성태입니다.

어제 오늘 아랫 마당이 동네 아이들로 시끌벅적합니다. 예예하우스를 철거한 곳이 많은 비에 진흙탕이 되자 아이들이 놀이터로 삼은 것입니다. 드러눕는 것 빼곤 다 합니다. 깔깔대며 있는 대로 소릴 지릅니다. 아스팔트와 블록으로 뒤덮힌 도시에서 이만한 놀이터는 없죠.

본래 서천리는 '마누라 없인 살아도 장화 없인 못 산다'는 우스개가 있을 정도로 비가 오면 온통 진흙밭이 되곤 했는데 잠시 추억을 떠올리게 해주었습니다. '추억은 다 아름다운 거다'고 했던가요?

지금 코로나 사태로 빚어진 이 모든 상황들도 지나고 나면 다시 꺼내보며 추억할 흑백사진이 될 것입니다. 그러니 아픔과 괴로움과 불편함과 아쉬움을 품위 있게 마주하도록 합시다.

오늘 하늘을 올려다보셨습니까? 파란하늘과 구름이 마치 초가을 풍경입니다. 몇 개월 내내 미세먼지는 '좋음'입니다. 지난해 이맘때와는 사뭇 다른 요즘입니다. 기분 좋은 수요일 오후, 오늘도 명선가족들께 샬롬을 전합니다.

차명도| 교회마당을 놀이터 삼아 뛰어노는 동심의 즐거움! 언제나 찾아가면 반겨주는 고향의 모퉁이 돌 같은 그리움! 명선의 가족들은 추억과 사랑의 씨실과 날실로 공교히 에봇을 만들어 갑니다. 유난히 파란하늘을 향해 고백합니다. "예수님, 사랑해요!"

오소연| 삐꾸! 내 맘을 설레게 하는 목사님의 Love Letter 도착! 목사님의 서신은 둥지 속의 아기새와 둥지 밖 세상에서 먹이를 물어다 주는 어미새를 연상케 합니다. 세상 속에서 명선가족을 지키려 애써주시는 목사님, 감사해요! 그 심정 잘 헤아려 Love God Love People의 삶을 살아갈게요.

류은진| 힘든 코로나 시기에도 천진난만함을 잃지 않는 아이들의 모습에 미소를 짓게 되네요. 우리도 나중에 웃으며 이 시기를 추억할 수 있도록 서로 토닥이며 지혜롭게 헤쳐나가야 할 것 같습니다. 하나님의 위로와 평강이 늘 함께 하시길 빕니다.
(독일, 드레스덴 거주, 2018년 이주)

흔들림 없이

논쪽에서 바라본 교회풍경(´20.9.18)

교회 뒤편 주차장에서 노는 아이들(´20.7.15)

7월 17일(금)

비대면 시대, 성도의 바람직한 교제 방식

배성태입니다.

어제 새벽예배 때 로마서 1:8-10의 말씀을 묵상했는데 비대면 상황에서 어떻게 성도의 교제를 할 것인가에 대해 배울 수 있었습니다. 로마서는 바울이 3차 전도여행 중에 장차 로마에 가서 복음을 전할 것을 생각하며 교인들에게 보낸 편지입니다. 그리고 3년쯤 뒤 로마에 가게 됐는데 이때까지만 해도 서로 일면식이 없었고 소문만 들어 알고 있었을 뿐입니다. 이처럼 비대면 상황이었지만 바울은 몇 가지 방편을 통해 성도의 교제를 적극적으로 이루어갔습니다.

- 먼저 편지를 보냈습니다. 이것이 로마서입니다. 때로 편지는 대면보다 훨씬 호소력이 있고 두고두고 볼 수 있어 여운이 크다는 장점이 있습니다. 당시 상황에서 유일한 온라인이었습니다.
- 예수 그리스도 안에 있다는 동질성을 강조하므로 친근감을 드러냈습니다. 당시 문화로 보아 유대인과 이방인은 어울릴 수가 없었습니다만 예수님 안에서는 이마저도 초월했습니다.
- 구체적으로 관심을 표하며 격려했습니다. '너희 믿음이 온 세상에 전파됨을 보고 하나님께 감사드렸다'며 마치 자기 일처럼 기뻐했습니다.
- '항상 내 기도에 쉬지 않고 너희를 말하고 있다'고 하면서 지극한 사랑을 드러내보였습니다. 사실 누구를 위해 기도한다는 건 쉬운 일이 아닙니다. 그러므로 '널 위해 기도하고 있다'는 말보다 큰 선물은 없다할 것입니다.
- 보고 싶다, 하루 빨리 만나고 싶다며 그리움을 호소했습니다. 그리움은 사랑하는 사람들의 당연한 속성이니까요.

이것이 하나님의 사람 바울의 성도의 교제 방식이었습니다. 본받고 싶고 명선가족들의 문화가 되었으면 하는 바람이 생겼습니다. 우린 그리스도인이며 믿음의 한 가족이기 때문입니다.

교우 여러분, 사랑하고 축복합니다.
복된 하루되십시오.

흔들림 없이

솜사탕은 아이들의 친구('19.3.4)

한민희| 목사님~저는 예수님을 사랑한다면서도 복음을 전하기 위해 애쓰지 않고 남을 위해 기도하는데 부지런하지 못하고 게을렀음을 고백합니다. 오늘 서신은 나자신, 가족, 순원 등 제 주변사람들을 위해 바울과 같이 사랑을 표현할 줄 아는 사람이 되어야겠다는 다짐을 하며, 감사합니다.

김정애b| 코로나19 상황속에서 우리 모두가 예수그리스도의 편지가 되어 하나님께서 부르시는 그리움과 애 애달픔을 성도간의 귀한 인연으로 이어간다면 그토록 아버지께서 바라시던 코이노니아가 이뤄지며 그안에서 함께 하시는 임마누엘을 축복으로 선물처럼 주시리라 믿어요. 황폐한 이곳 고쳐주시고 회복시키실 것. 우리를 향한 하나님의 러브레터를 소망하며 다시금 꿈을 꾸어 봅니다. 사랑! 그 따사로움을~

강현욱| 평소 청년1팀 친구들과 교제하고 싶다 라는 생각을 가지고 있었지만..
바울의 교제 방식을 통해 실제적인 움직임이 필요함을 배우게 되었습니다.

7월 21일(화)

하나님이 주신 기막힌 선물

배성태입니다.

지난 주일 제 외손녀가 엄마 손잡고 오랜만에 영아팀 예배에 참석했습니다. 현장예배가 실시된 후 두 번째입니다. 평소 이맘때쯤이었으면 아이들만 60여명쯤 됐을 텐데 겨우 다섯 명이었답니다. 그날 제 손녀가 생애 첫 헌금위원을 했다네요. 그리고 예배 후 만난 아이의 손엔 여름성경학교 기념티셔츠가 들려 있었습니다. 예쁜 분홍색에 Jesus라 인쇄된...

이제 곧 이 옷을 차려 입고 생애 첫 여름성경학교를 엄마아빠와 함께 하게 될 것입니다. 어디 우리 집뿐이겠습니까? 명선의 많은 가정들이 집에서 온라인으로, 지금 세대와 다음세대가 함께 할 겁니다. 그러고 보면 이 여름, 하나님께서 기막힌 선물을 우리 모두에게 주신 것입니다. 그야말로 특별이벤트입니다.

드디어 금주 청년1팀부터 시작됩니다. 그동안 여름성경학교와 수련회를 위한 교역자들과 교사들과 소그룹 리더들의 수고는 눈물겹습니다. 참으로 낯선 일이지만 설렘으로 준비해오고 있습니다. "늘 우리 가운데서 역사하시는 능력대로 우리가 구하거나 생각하는 모든 것에 더 넘치도록 능히 하시는 주님께서 이번에도 그 영광을 위하여 크신 은혜를 베풀어주실 것입니다."(에베소서 3:20-21) 모든 명선가족들의 응원을 기대합니다.

교우 여러분, 이번 한 주간도 임마누엘입니다.

윤영실ㅣ 영아팀 예배에서 첫 헌금위원 했다는 아이의 믿음의 걸음을 보며, 기대와 바램으로 온라인 성경학교, 수련회를 위해 기도할게요. 목사님! 장마철 건강하게 지내세요.^^

유경화ㅣ 정말 특별한 이벤트가 될 듯합니다. 목사님^^ 올해 낯설지만 설레는 온라인 성경학교와 수련회가 하나님을 경험하는 귀한 시간이 되길 기도합니다. 내년엔 온 교회에서 아이들의 재잘거리는 말소리, 웃음소리 가득한 성경학교와 수련회가 열리겠죠^^ 이제 주신 새로운 공간에서 아이들이 성전예배를 회복하고 믿음의 뿌리를 깊게 내리는 큰 나무들로 성장하길 또한 기도할게요. 우리 목사님의 교회와 성도에 대한 사랑이 절절한 목회서신, 매번 편지봉투를 조심히 뜯듯이 열어서 차근차근 읽고 있어요. 광야 같은 삶이라고 느껴질 때... 주신 위로의 말씀에 다시 일어서 뚜벅뚜벅 걸어갈 힘을 얻기도 합니다. 목사님^^ 늘 감사합니다. 늘 사랑합니다. 늘 강건하세요^^

흔들림 없이

강주안 어린이(강태원-배보람 성도 '20.5.24)

7월 23일(목)

Let it be(냅둬) 아닌 범사에 하나님 뜻 구해야

새벽예배 후 서울로 올라가는 길에 평소 즐겨듣는 FM93.1 라디오 방송에 주파수를 맞췄습니다. 마침 폴모리악단의 Let it be 연주가 흘러나왔습니다. 비오는 이른 아침 고속도로를 달리며 듣는 Let it be는 또 달랐습니다. 사실 이 노래만큼 다양한 버전으로 연주되거나 불린 게 또 있을까 싶습니다. 이는 아마 곡이 좋아서이기도 하겠지만 노랫말 때문이지 않을까 싶습니다. 곡이 끝나자 진행자가 해석을 덧붙입니다. 'Let it be, 냅둬'

그런데 한 곡 안에 이 말이 마흔 번도 더 나옵니다. 무슨 일을 만날 때마다 '냅둬 순리대로 되겠지'라고 외칩니다. 그렇게 스스로를 위로하고 상황을 해석합니다. 제가 이 노래를 처음 들었을 때가 고등학교 때였으니까 그동안 수많은 사람들이 이 노랫말에 취해 살아왔다 할 수 있습니다.

하나님을 몰랐을 땐 이 낙관론적 운명론이 가장 쉬운 인생 해석이었습니다. 그래서 따라 흥얼댔습니다. 'Let it be, Let it be, Let it be, Let it be-' 그러나 솔로몬은 이렇게 인생을 회고합니다. '하나님이 모든 것을 지으시되 때를 따라 아름답게 하셨고 또 사람들에게 영원을 사모하는 마음을 주셨느니라. 그러나 하나님이 하시는 일의 시종을 사람으로 측량할 수 없게 하셨다'(전도서 3:11) 솔로몬은 Let it be가 인생의 답이 아님을 분명히 했습니다.

그러므로 그리스도인은 Let it be가 아니라 범사에 하나님께 시선을 집중하고 하나님의 의도에 마음을 두며 그 뜻을 구해야 합니다. 주님께서 우리를 푸른 초장과 쉴만한 물가로 인도하실 것입니다.

교우 여러분, 오늘도 주님 안에서 평안을 빕니다.

----------------------------✈--------------------

임지수| 'Let it be'. 이 말이 그리스도인에게 어떤 의미인지 다시 한 번 되새겨준 글이었다. 우리는 모든 것을 때에 따라 아름답게 하신 주님의 뜻에 순종해야 한다. 주님은 우리의 나침반이자 화살표라는 것을 또 한 번 느꼈다.

연미형| 입원과 재활을 반복하면서 목사님 서신에 많은 은혜와 깨달음을 얻습니다. 불행이 아니라 주시는 연단임을.. 더 좋은 것을 찾게 하실 계획이심을 믿습니다.

흔들림 없이

하나님께 시선을 집중
주님께서 우리를 푸른 초장과 쉴만한 물가로 인도하실 것입니다

코람데오코이노니아 주방봉사 후('07.6.2)

7월 28일(화)

지혜, 한계를 안다는 것

배성태입니다.

지난 수요일 다중시설 위기 대응 방제 훈련이 있었습니다. 대응팀을 조직하고 강의와 실제훈련을 했습니다. 모두들 낯선 경험이었습니다. 대응팀장에는 배성태, 본부장에는 신문승 이수근, 그리고 교직원들을 중심으로 대피유도반, 현장대응반, 의료지원반을 구성했습니다. 이는 적정 규모 이상의 면적에서는 의무사항 규정이어서 였습니다.

시설 안전에 대한 법률 규정이 강화되어 까다롭기는 하지만 우리 모두를 위한 것이기에 소홀히 할 수 없는 일입니다. 이에 대해 우리는 코로나 바이러스를 통해서도 익히 경험하고 있습니다. 우리나라가 중국에 가까이 있으면서도 'K방역'이란 찬사를 들을 수 있음도 국민 한 사람 한 사람의 애씀이 있었기 때문입니다.

그러나 방제든 방역이든 이는 우리가 할 수 있는 최선의 수단일 뿐 그 이상은 하나님의 특별한 가호가 있어야 합니다. 이 한계를 아는 것이 지혜요 복입니다. 그래야 겸손할 수가 있으며 하나님의 은혜를 입을 수 있습니다. 그래서 때론 아파보기도 하고 실패해보기도 하고 내 뜻대로 되지 않음을 경험해보는 것도 필요한 것입니다.

지난 주일 나훔서에서도 보았듯이 대제국 앗수르의 멸망의 결정적 요인은 바로 이 한계를 몰랐기 때문이었습니다. 얼마나 큰소리를 쳤습니까? 우리가 보기에도 도가 지나쳤습니다.(이사야 10:13-16) 그러다 1400년 동안 찬란했던 제국이 티그리스강의 범람하는 물로 인해 진멸되고 말았던 것입니다.(나훔 1:8)

지금 전 세계적으로 수그러들 줄 모르는 코로나 바이러스를 보면서 앗수르가 떠오르는 것은 웬일일까요? 안타까운 것은 그리스도인들 외엔 아무도 대주재되신 하나님을 찾지 않고 하나님께 길을 묻지 않습니다. "여호와는 선하시며 환난 날에 산성이시라 그는 자기에게 피하는 자들을 아시느니라"(나훔 1:7)고 하였습니다.

오늘도 주님 안에서 평안을 빕니다.

흔들림 없이

코로나19 방역소독('20.7.19/8.16)

김회준| 나의 한계를 알고 그 이후는 하나님께 맡길 수 있는 것도 능력인 것 같습니다!

허준혁| 목사님 안녕하세요? 가뭄의 단비와 같은 목회서신은 저의 가족과 함께 코로나로 지친 저의 일상을 견디게 하는 원동력입니다. 우리가 방역에 노력한다고 하여도 하나님께서 지켜주심이 없다면 안전할 수 없다는 것을 알고 있습니다. 앞으로도 하나님께 기도하고 빨리 이 사태를 해결해주시기를 기도하며, 보건수칙, 방역수칙을 잘 지키며 생활하겠습니다. 항상 건강하셔요^^

7월 31일(금)

Let God be God, 한 사람의 영향력

배성태입니다.

7월의 마지막 날입니다. 오랜만에 아침햇살이 교회마당 한 가득입니다. 계속된 장마 중에도 녹음은 더 짙어졌고 매미소리 새소리가 어우러진 그야말로 굿모닝입니다. 이런 날씨가 되면 반가움에 늘 하는 일이 있습니다. 우모하비전센터의 창문을 열고 환기시키는 일입니다.

요즘 북카페에 교우들의 걸음이 하나 둘 늘어갑니다. 가족 나들이를 하는 이, 그리고 친구들과 함께 이미 이곳이 익숙해진 이들도 제법 됩니다. 그리고는 통창으로 보이는 서천리의 풍경을 즐깁니다. 제겐 이 풍경 너머 옛 풍경들이 보입니다. 이곳저곳 작은 언덕들로 인해 자그마하게만 보이던 이곳이 이렇게 더 넓고 더 높고 더 활기찬 곳이 되었습니다. 또 앞으로 어떤 모습으로 변하게 될지 사뭇 궁금해집니다. 이를 위해 그리스도인 된 우리와 교회는 어떻게 해야 하나 늘 고민하게 됩니다.

금주 내내 지난 주일 말씀드렸던 마틴 루터의 'Let God be God'과 '하나님을 영화롭게 했던 사람, 하나님과 사랑에 빠졌던 사람 조나단 에드워즈'에 대해 많은 생각을 했습니다. 한 사람의 영향력이 그토록 클 수 있었다니 그렇게 부러울 수가 없었습니다. 생각하고 그리워하는 중에 닮아갈 수도 있으니 그렇게라도 해야겠습니다.

굿모닝! 굿 애프터눈! 굿 이브닝입니다. 그리고 내일도…. 사랑하고 축복합니다.

이현진ㅣ 목사님 말씀처럼 명선교회의 아름다운 풍경이 곳곳에 물들어 좋은 영향으로 이어지길 기도합니다!

공정은ㅣ 목사님~ 예수님을 믿으면서도 늘 신앙생활 속에 어려움과 고난을 경험한다고 생각했었습니다. 그러나 목사님 설교 말씀을 듣고 보니 그 어려움과 고난이 사실은 제가 하나님을 기뻐하기보다는 눈에 보이는 것을 기뻐하기에 생기는 것이라는 것을 알게 되었습니다. 이제 깨달았으니 지금부터라도 하나님을 삶의 최고의 즐거움으로 알고 살려고 합니다. 복된 깨달음을 얻게 해주시니 참으로 감사드립니다.

흔들림 없이

북카페에서 바라본 바깥 풍경('20.7.5)

우모하비전센터 내 우모하북카페('20.7.12)

8월 5일(수)
새벽예배 시작기도문

자비로우신 아버지 하나님

계속되는 무더위 속에서도 저희를 주님의 은혜로 이렇게 한밤을 편히
쉬게 하시고 새날을 맞이하게 해주신 것을 감사드립니다.
오랜 장마로 인해서 곳곳에 많은 피해를 입고, 또 이를 위해서 복구에
애쓰는 여러 수고하는 손길들을 우리 하나님께서 긍휼을 베푸셔서,
여러 어려움으로부터 저희 모두를 보호하시며, 모든 것을 통치하시는
전능하신 주님, 더욱 더 주님을 의지하며 믿음으로 살아가는 이 땅
백성들이 될 수 있도록 도와주시기 바랍니다.

오늘도 저희들에게 새날을 주셨으니 하나님의 선하신 뜻을 우리 마음에 품고,
그 뜻을 따라 기도하며 소망하며 살아가는 귀한 날 될 수 있도록 도와주시옵소서.

하나님 우리 아버지, 오늘도 저희가 함께 기도드린 바처럼 이 많은 일들은
저희 스스로 해낼 수 있는 것들이 거의 없습니다.
어쩌면 세상의 모든 일들이 다 그러합니다.
우리가 교만하여 스스로 모든 것을 할 수 있다 생각했을 뿐 도우시지 않으면
우리는 어떤 일들도 해낼 수 없는 연약한 존재들임을 저희들이 기억하고
이 아침에도 주 앞에 간절히 간구한 여러 기도들을 주께서 귀 기울여 들으시고
은총을 더하시기를 간절히 빌고 원하옵니다.

주님, 우리에게 하나님이 계시니 날마다 주님을 의지하고
믿음으로 승리할 수 있도록 도와주시옵소서.
항상 기도하되 낙망치 아니하도록 저희들의 마음과
생각을 주장하여 주시옵소서. 아버지께 드려진 귀한 예물들, 감사의 마음들,
간구들을 받으시어 날마다 믿음으로 승리하도록 인도하옵소서.

예수님의 귀하신 이름으로 기도합니다. 아멘.

- 배성태 목사 -

8월

사명의 자리

두려워하지 말라 내가 너와 함께 함이라
놀라지 말라 나는 네 하나님이 됨이라
내가 너를 굳세게 하리라 참으로 너를 도와 주리라
참으로 나의 의로운 오른손으로 너를 붙들리라
[이사야 41장 10절]

8월 4일 (화)

사명의 자리를 지킨다는 건

배성태입니다.

장마가 며칠 더 계속될 모양입니다. 예년 같았으면 휴가로 마음이 들떠있을 때인데 전염병에다 장마에 또 어떤 가정에선 아이들의 짧고 유동적인 방학으로 인해 여의치 않으실 듯합니다. 그러나 꼭 멀리, 오래 다녀와야만 휴가겠습니까? 가족들이 함께 안식할 기회를 가질 수 있다면 이 또한 괜찮지 않을까 싶습니다. 무리하기보단 형편 따라 하는 것도 좋은 삶의 훈련이죠. 올해 저희 교직원들은 아쉽지만 이틀만 하기로 했습니다.

월간지 「길벗」 8월호에 실린 오석희 시인의 시를 소개합니다.

좌변기

어떤 무게로 앉던지 견디어주고
어떤 것을 쏟아내든지 다 받아준다
어떤 사람이 오던지 거부하지 않고
아무런 판단과 분별도 없이
충고조차 하지 않는다
죽을 때까지

온갖 오물을 뒤집어쓰고도
묵언 정진을 멈추지 않는다
어떤 칭찬과 모욕에도 물들지 않고
주어진 사명의 자리
결코 벗어나지 않는다

그렇게 부동자세로
무심히 수행 중인
공중화장실 좌변기

오늘도 평안한 하루 되십시오.

샬롬.

사명의 자리

좌변기

시인 오석희

길벗 2020년 8월호 내용 중

김하나| 긴 장마와 코로나로 인해 뭔가를 계획하기 어려운 상황이지만.. 올해도 변함없이 돌아온 복된 시간! 지난 주일부터 이번주 내내 이뤄질 첫 온라인 여름성경학교에 아이들과 집중하며 잘 보내보려 합니다.^^

박병현| 부르신 사명을 잊지 않고, 세상의 유혹에 흔들림 없이 묵묵히 자리를 지키는 그리스도인이 되도록 마음에 새기겠습니다. 샬롬.

8월 8일(토)

이런 중에도 성심을

배성태입니다.

금주내내 미취학팀과 초등팀의 여름성경학교로 분주했습니다. 교역자들을 비롯해 교사들과 아이들, 학부모 여러분들의 노고가 참으로 컸습니다. 온라인 여름성경학교는 새로운 시도였지만 기억에 오래 남을 것 같습니다.

오늘은 초등팀 아이들이 부모님과 함께 하는 '드라이브 스루'가 있었습니다. 잠깐이었지만 오랜만에 교회에 들러 반가운 만남을 가졌습니다. 비가 오락가락 하는 중에도 많이들 다녀갔습니다. 모두 이 광경을 보셔야 하는 건데- 마치 오랜 기간 해외 다녀온 이들의 만남 같았으니까요.
생각해봅니다. 훗날 아이들은 이 같은 경험들을 어떻게 추억할까요? 학습은 다양한 경험을 통해 풍요롭게 되는 것이니 아쉬움 중에서도 한 번쯤은 괜찮은 것도 같습니다.

벌써 토요일, 내일이 주일입니다. 이렇게 주일을 맞은 지가 여섯 달이 다 되어갑니다. 이런 중에도 여전히 성심으로 예배를 드리려는 애씀을 하나님께서 기뻐하실 것입니다. 내일도 마음을 다하고 목숨을 다하고 뜻을 다하는 Love God(마태복음 22:37)의 주일이 되시기 바랍니다.

샬롬.

정래진| 초등3팀 딸을 둔 저는 온라인 성경학교를 함께 참여하는 중 목사님 서신을 받았습니다. 드라이브 스루를 통해 목사님과 선생님을 만나고 맛있는 선물까지... 함께 하지 못한 아쉬움은 있지만 온라인 성경학교라는 첫 경험은 새롭고 즐거운 기억이 될 것 같습니다.

오세웅| 아이들과 함께한 온라인성경학교는 부모인 저에게도 함께 할 수 있는 수련회이자 성경학교여서 너무 좋았습니다. 드라이브스루는 정말 반가움과 애틋함과 즐거움의 시간이었습니다. 이 모든 순간들이 아이들에게 좋은 추억이자 예배를 더 기대하는 시간이 되길 기도합니다

사명의 자리

초등 **4**팀 보고 싶었쓰루 ♡

코로나19로 교회예배 중지 후 첫 예배를 마치고
초등4팀 드라이브 스루 환송('20.5.3)

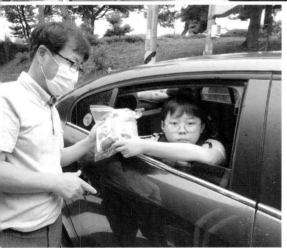

드라이브 스루

학습은 다양한 경험을 통해
풍요롭게 되는 것이니 아쉬움 중에서도
한 번쯤은 괜찮은 것도 같습니다

8월 11일(화)

무지함을 알기에

배성태입니다.

49일째 장마가 계속되고 있습니다.
이리 길 줄은 아무도 몰랐습니다. 피해 또한 이렇게 처참할 줄 누구도 몰랐습니다.
코로나로 인해 삶과 경제가 엎친 데 덮친 격이 됐습니다. 기상관측을 위한 슈퍼컴퓨터
도 세계적인 유명분석기관의 분석도 맥을 쓰지 못하고 있는 요즘입니다. 사실 코로나,
장마 또 무슨 일이 우리를 놀라게 할지 우린 전혀 알지 못합니다. 이것이 인간의
한계입니다. 그러나 이 한계를 아는 것이 지혜입니다. 그런데도 좀처럼 머릴 숙일 줄
모르는 것이 인간의 인식의 한계인 듯합니다.

요즘 우리는 주일마다 들려주시는 하나님 말씀을 통해 이런 유형의 사람들을 많이
보고 있습니다. 욥기서에도 지혜자로 자처하는 사람들이 모여 이 오묘한 세상사와
하나님의 섭리에 대해 자기 나름의 앎과 경험을 내세우며 치열한 논쟁을 벌이는
모습이 나옵니다. 그 내용이 무려 욥기서 42장 중에 35장이나 됩니다. 그때 하나님
께서 그들을 나무라시며 말씀하셨습니다. '도대체 무얼 안다는 거냐. 그 입 다물라'
그제사 욥이 일동을 대표하여 대답합니다. "보소서 나는 비천하오니 무엇이라 주께
대답하리이까 손으로 내 입을 가릴 뿐이로소이다/ 무지한 말로 이치를 가리는 자가
누구니이까 나는 깨닫지도 못한 일을 말하였고 스스로 알 수도 없고 헤아리기도
어려운 일을 말하였나이다"(욥기 40:4, 42:3) 이러한 욥을 하나님 께서 기쁘게 받으
셨고(42:9) 욥의 말년에 처음보다 갑절의 복을 베풀어주셨습니다.

교우 여러분, 살아가면서 우리는 종종 예측할 수 도 알 수도 없는 고난을 만날 때가
있습니다. 그땐 욥의 심정으로 하나님 앞에 서도록 합시다. 갑절의 복주심이 우리에
게도 함께 하시길 소망합니다.

복된 날 되십시오.

샬롬.

사명의 자리

제2교육관 철거를 준비하며('18.12.9)

최희성| 목사님. 저는 코로나가 시작되고 4월이 지나면서 제가 당한 어려움을 헤쳐가기 위해 이리저리 머리를 굴려보고 방법을 찾아봤지만 아무것도 할 수 없는 상황 앞에 놓이면서 마음 깊은 곳에서부터 자연스럽게 매일 주님 앞에 하는 고백이 있습니다. 그것은 "주님! 저는 아무것도 아니며, 주님이 함께하시지 않으면 아무것도 할 수 없고, 다 주님께서 하십니다. 그동안 알량한 지식과 자신감으로 마치 제가 다 할 것처럼 교만했던 것을 회개하오니 용서하여 주시며, 나의 공로로 된 것이 하나도 없고, 모든 것을 주님께서 하셨습니다"입니다. 네가 무얼 안다는 것이냐 그 입 닥쳐라고 욥에게 하신 말씀이 그 어느 때보다 저에게 하시는 말씀임을 깨닫게 되며 매일매일 감사한 마음입니다. 저희 가족은 매년 휴가를 강원도로 가는데 올해에도 2주 후에 강원도로 갈 계획을 세웠습니다. 매년 이 휴가는 저희 가족에게 주님 지으신 아름다운 자연에서 쉼을 얻기에 모든 가족이 항상 기대를 합니다. 장마가 끝나고 가족과 함께 보낼 즐거운 휴가를 기대하니 힘이 납니다. 샬롬^^

이은숙b| 사랑하는 목사님, 저 또한 인간의 한계를 깨닫고 주님을 더욱 더 붙들고 살아가는 것이 진정한 신앙인의 모습이라 생각되어요. 그렇기 때문에 더 기도하고 성경말씀 읽으며 하나님의 은혜를 날마다 간구합니다. 이 세상 살 동안 은혜 없이는 살 수 없고 끝까지 사랑할 분, 바로 우리 주님이십니다. 할렐루야!

8월 13일(목)

사랑이 없으면

배성태입니다.

'왜 이리 늙으셨느냐?' '목사님은 그때나 지금이나 똑같아요' ... 최근 만난 사람들로부터 들은 제게 대한 얘기입니다. 어느 쪽 말이 맞는 거죠? 여러분 생각은요? 이런 얘길 들을 때마다 아내와 저는 그저 웃습니다. 종종 듣는 얘기라서요. 그러나 이런들 저런들 아무렴 어떻습니까? 나이 드는 걸 막을 수 없고 늙어가는 걸 거부할 일도 아니니까요.

오래 전 미국의 어느 여배우는 자신의 늙어가는 모습을 대중에게 보이기 싫어 삼십대 초반에 종적을 감추었다고 합디다만 곱게 나이 들어가는 것이 중요한 것 아닐까요?

지미 카터는 금년 96세입니다. 그의 도전적인 삶은 대통령 이후 더 빛나고 존경받고 있습니다. 기독신앙을 삶으로 드러내는 멋진 분이죠. 그가 칠십 중반 쯤 「나이 드는 것의 미덕(The Virtues of Aging)」이란 책을 펴냈는데 '나이 든다는 건 꽤 괜찮은 일이다'고 했습니다.
그는 책의 말미에 이 미덕을 생산하는 근원 중 하나를 사랑이라고 했습니다. "내가 사람의 방언과 천사의 말을 할지라도 사랑이 없으면 소리나는 구리와 울리는 꽹과리가 되고, 내가 예언하는 능력이 있어 모든 비밀과 모든 지식을 알고 또 산을 옮길 만한 모든 믿음이 있을지라도 사랑이 없으면 내가 아무것도 아니요, 내가 내게 있는 모든 것으로 구제하고 또 내 몸을 불사르게 내줄지라도 사랑이 없으면 내게 아무 유익이 없느니라"(고린도전서 13:1-3)

젊음의 때부터 이런 사랑을 훈련할 수 있다면 더할 나위가 없을 것 같습니다. 자신의 이런 모습을 그려보면 어떨까요?

오늘도 주님주시는 평안 중에 복된 날 되시길 빕니다.

샬롬.

사명의 자리

우모하비전센터 초등2팀 예배('20.7.26)

게스트하우스 오픈 기념식('11.10.9)

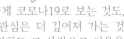

조현구ㅣ '눈에 보이지 않으면, 마음도 멀어진다' 는 말이 무색하게 코로나19로 보는 것도, 만나는 것도 어렵지만 성도들을 향한 담임 목사님의 사랑과 관심은 더 깊어져 가는 것 같습니다. 목사님의 목회서신에서 그 깊은 사랑이 느껴집니다. 저희도 그 사랑으로 이웃을 섬기며 살겠습니다.

여성기ㅣ "인생은 세월이 갈수록 늙어가는 것이 아니라 익어가는 것."이라는 구절이 생각납니다. 게다가 우리는 세월이 갈수록 말씀 속에서 잘 절여져서 익어가는 아주 멋진 인생이랍니다.

8월 18일(화)1

힘들고 어려울수록, 근본

안녕하세요?

배성태입니다.

이제야 장마가 끝난 것 같습니다. 그동안 고생하셨습니다. 곳곳에 이런저런 피해가 있어 농작물에 대한 염려들이 많지만 올해도 여느 해처럼 햇과일 햇곡식들이 추석상에 가득 오를 것입니다. 가을 태풍 후 이 같은 경우를 자주 보았기 때문입니다. 그때마다 하나님의 오묘한 섭리에 감격하곤 했죠.

지난주 수요일을 시작으로 10주간에 걸쳐 수요예배 땐 '구원의 여정'이란 주제로 말씀을 묵상하게 될 것입니다. 이는 성도의 일생에 관한 내용인데 우리를 그리스도인 되게 하시기 위한 하나님의 사랑이 어떤지를 잘 보여주는 것이라 하겠습니다. 그 내용은 하나님의 생명계획(선택), 생명의 잉태(부르심), 해산의 수고(중생, 회개), 양육과 성장(칭의, 양자 삼으심), 다양한 삶을 통한 연단(성화), 성숙(견인), 흠과 티가 없는 완전에 이름(영화, 영생)입니다.

이를 통해 우리는 나의 나 됨이 전적으로 하나님의 은혜로 된 것이며, 하나님의 사랑의 너비와 길이와 높이와 길이가 어떤지를 구체적으로 알게 될 것입니다. 사실 하나님의 사랑을 알고 그 사랑에 응답하는 것이 우리 삶의 이유요 목적입니다. 그러므로 힘들고 어려울 때일수록 근본적인 것에 마음을 두고 분명히 해야 합니다. 이는 우리 영혼의 닻이 되어 삶을 더욱 튼튼하고 견고하게 해줄 것입니다.

내일 그리고 매주 수요예배 때 만나길 기대합니다.

샬롬.

----------------------✎--------

탁진천| 코로나로 인해 대면예배가 어려워지고 신앙생활에도 소홀하게 되면서 이 기간 동안 하나님께서 참 크리스챤을 판단 할 수 있다는 생각에 불안한 마음을 가지고 있었습니다. "힘들고 어려울 때일수록 근본적인 것에 마음을 두고 분명히 해야 한다"는 말씀이 깨달음을 줍니다. 목회서신을 통해 담임목사님의 따뜻한 마음을 공유하게 되어서 힘이 납니다!

이은영| 사랑하는 목사님!! 샬롬입니다.^^ 매주 목회서신을 통해 성도들을 향한 목사님의 절절한 사랑과 그리움을 느끼면서 답신을 보내드리지 못해 안타까웠는데 이렇게라도 보낼 수 있게 되어 감사하네요.^^ 목사님 말씀처럼 힘들고 어려운 시기를 우리의 삶에 닻이 되어 든든히 붙잡아주시는 하나님께 중심을 두고, 하나님의 사랑에 응답해드리는 삶이 되도록 힘쓰겠습니다. 목사님께서도 강건하시기를 늘 기도하고 있습니다. 샬롬!!

사명의 자리

구원의 여정

우리를 그리스도인 되게 하시기 위한 하나님의 사랑

교회마당 조경공사 사과나무('20.9.5)

코로나19 기간 중 주일 2부예배('20.8.2)

하물며 하늘에 계신 너희 아버지께서

명선가족 여러분, 담임목사 배성태입니다.

오늘 들어 두 번째 목회서신을 보내게 됐습니다.

오후 5시 국무총리의 담화가 있었습니다. 아시는 바와 같이 코로나바이러스의 2차 유행에 대한 우려로 인한 여러 조치들을 발표했습니다. 앞으로 2주간이 고비가 될 것으로 보입니다.

이로 인해 오후 8시 긴급당회로 모여 다음의 몇 가지 사실을 결정했습니다.

1. 내일 새벽예배부터 8월 31일까지 모든 공적인 예배는 온라인 영상예배로 드리게 됩니다.

2. 예배당 출입문을 닫습니다. 이에 교우 여러분들의 너그러운 양해가 있으시기 바라며 늘 그래왔듯이 하나님과 교회와 성도들에 대한 사랑에 더욱 마음 써주시기 바랍니다.

3. 저희 교직원들은 평소와 같이 근무할 것입니다. 언제든 연락 주십시오.

교우 여러분의 건강과 평안을 빕니다.

"너희가 악한 자라도 좋은 것으로 자식에게
줄 줄 알거든 하물며 하늘에 계신 너희 아버지께서 구하는 자에게
좋은 것으로 주시지 않겠느냐"(마태복음 7:11)

이빛나ㅣ 샬롬~! 또 다시 예배당 문이 닫힌다는 소식이 정말 속상합니다. 하지만, "절망 중에도 소망을 노래하라!". 하나님의 구원의 때를 잠잠히 기다리며 소망을 노래하겠습니다. 또 목사님과 명선의 모든 공동체의 평안을 위해 기도하겠습니다. 늘 저희 곁에 든든히 계시는 ♥ 목사님. 사랑합니다. 감사합니다.

김영진ㅣ 예배당 출입문을 닫지만, 교회와 성도들에 대한 사랑에 더욱 마음 써달라는 말씀이 마음에 다가왔습니다. 아쉬움에 머물지 않고 제가 해야 할 일을 깨닫게 되었습니다. 더욱 말씀을 보며 기도하며 모두 만날 날을 기다리겠습니다.

사명의 자리

온라인 영상예배

하나님과 교회와 성도들에 대한 사랑에
더욱 마음 써주시기 바랍니다

고마워라 임마누엘
복되고 즐거운 하루하루(아멘)

코로나19 기간 중 교역자 찬양

논에서 바라본 교회야경 ('18.12.14)

8월 20일(목)

비정상 시국,
바울이었다면 베드로였다면

배성태입니다.

'산 넘어 산'이란 얘기처럼 2020년 대한민국의 상황이 그러합니다. 지난해부터 이어온 사건사고들, 나눠진 민심, 코로나바이러스, 오랜 장마와 홍수피해, 코로나바이러스 재확산의 염려, 갑자기 내려진 정부와 지자체의 방역지침 등으로 너나 할 것 없이 혼란해하며 활동에 있어서나 심리적으로 많이 위축되어 있습니다. 그러나 '이 또한 지나가리니' '절벽이 절경이 되는 소망'을 놓지 않았으면 합니다.

이로 인해 교회도 어쩔 수 없이 온라인예배를 결정하게 되었지만 더 이상 양보하는 일이 없도록 주님께 기도해주시기 바랍니다. 생각해 보십시오. 성도가 6개월이 다 되도록 교회 예배를 출석할 수 없는 이런 상황을 어찌 정상이라 할 수 있겠습니까? 종종 스스로에게 질문해봅니다. '바울이었으면 어떻게 했을까, 베드로였다면 어떻게 했을까, 초대교회 교인들이었다면 어떻게 했을까?' 이와 동시에 너무도 당연한 듯 받아들이는 우리의 모습을 보며 우리의 신앙전투력에 문제가 있는 것은 아닌지 생각해보지 않을 수 없습니다. 무엇보다 우리를 구원하시어 그리스도인 되게 해주신 주님께 죄짓지 않아야 할 텐데라는 생각뿐입니다.

하도 속이 상해서 해본 넋두리입니다.
교우 여러분의 속도 속이 아닐 텐데 말입니다.
순, 코이, 사역 팀원끼리 소식 주고받으시며 파이팅 해주시면 좋겠습니다.

교우 여러분 사랑하고 축복합니다.

서현희| 교회 예배가 다시 금지되고 청소년팀 수련회가 무기한 연장됐다는 소식을 듣고 큰 아이 실망이 어찌나 큰지 속이 상해 아이와 한참을 원망과 한탄을 했습니다. 그러나 지금의 이 속상함이 다시 예배의 자리에 나갈 수 있기를 바라는 간절한 소망으로 바뀌기를 기도합니다. '절벽이 절경'이 되는 그날을 기대합니다. 샬롬.

김희영a| 어떻게 해야 할지 몰라 혼란스럽고 불안한 때를 지내고 있는 저희에게 무엇을 붙들어야 할지 알려주시는 글이 오늘도 저를 새롭게 합니다. 어린양을 걱정하는 목자의 마음이 느껴지니 감사하고 예배만이 저희에 살 길이니 현실에 무뎌지지 말고, 하나님을 향한 예배가 소홀해지지 않도록 저의 예배를 돌아보면 다시 세워봅니다.

사명의 자리

산 넘어 산

‘절벽이 절경이 되는 소망’을 놓지 않았으면 합니다

코로나19 기간 중 주일 2부예배 (’20.8.2)

8월 22일(토)

영과 진리로 예배할지니라

화요일, 우모하카페에 새로운 작품이 전시됐습니다. 이날 작가를 만나 작품 세계에 대해 얘기를 들을 수 있었습니다. 다채로운 이력을 가진 분이셨는데 초기 그림에서 부터 최근 그림까지의 흐름을 보여주는 것으로 전시해주었습니다. 당장에라도 보여 드리고 싶은데 아쉽게 됐습니다.

아울러 돌아오는 주일예배를 위해 몇 가지 당부를 드리려 합니다. 어디서 예배하든 하나님께 예배하는 일에 소홀함이 없어야겠습니다.

1. 교육팀 예배를 따로 하지 않고 온가족 함께 한 예배를 드리려 하니 시간을 미리 정해주십시오.

2. 예배 중 대표기도는 가족 중 지명하여 미리 준비해주십시오. 기도 시간은 3분으로 해주시되 내용구성은 '하나님을 송축, 하나님께 감사, 중보, 간구, 예수님의 이름으로 기도드림' 순으로 하시면 됩니다.

3. 헌금은 각자 준비해주시고 헌금위원도 미리 정해주시기 바랍니다.

4. 모든 순서는 본당에서 드리는 순서를 따라 해주십시오.

5. 인증샷을 담당 교역자에게 보내주시면 함께 영상으로 엮어보려 합니다.

6. 주일예배 합창을 보시고 다음 주일 함께 하길 원하시는 가정에서는 먼저 링크된 영상을 보신 후 주일 중으로 담당교역자에게 연락주시기 바랍니다.

찬양 악보 https://drive.google.com/file/d/19JaWM9dmijjSuoq5aIeqasZSdV3mIjLD/view?usp=sharing

찬양듣기 https://youtu.be/N9fObZPx0so

예배찬양대 참여 안내 영상(1분50초) https://youtu.be/pjhs3j9bYBI

'하나님은 영이시니 예배하는 자가 영과 진리로 예배할지니라'(요한복음 4:24)

복된 주일되시기 바랍니다.

어디서 예배하든

하나님께 예배하는 일에 소홀함이 없어야겠습니다

문지성| 목사님께서 핸드폰 메시지로 성도 한명 한명 챙겨주심에 너무 감사드리고 이렇게라도 예배를 드릴 수 있음에 감사드립니다. 마스크 없이 예배드리는 날이 속히 오기를 희망합니다.

김상준| 초반 코로나로 인해 집에서 온라인예배를 드릴 때 단순히 TV에 나오는 예배 영상을 수동적으로 보는데 그쳤습니다. 그러나 목사님의 문자 서신을 통해 예배를 소홀히 드렸던 저의 모습을 돌아보았습니다. 미리 예배 시간을 정해 준비하고, 대표기도를 준비하면서 더 온전히 예배에 집중하여 드릴 수 있었습니다. 목사님 감사합니다.

8월 25일 (화)

늘라운 특권을 받았기에

배성태입니다.

지난 수요일 새벽예배 때 로마서 6:22을 묵상했습니다. 그리스도인 된 우리에게 주어진 놀라운 특권에 대해 잘 요약되어 있었습니다. 이러한 근본적인 사실을 묵상하는 것은 요긴한 것이기에 간략하게 정리합니다.

첫째, 죄로부터 해방된 자라는 것입니다. 인간의 치명적인 약점은 죄인이라는 겁니다. '죄에서 태어나 죄 가운데 살다가 죄 중에 죽어 영벌에 이르게 되는 것'입니다. 이에 예외가 없습니다. 그리스도인들 외엔-

둘째, 하나님의 종이 되었다고 했습니다. 하인이란 뜻이 아닙니다. 하나님의 손과 발, 하나님 파트너로 사는 영광을 입은 자란 뜻입니다.

셋째, 거룩함에 이르는 열매를 맺었으니 그 마지막은 그리스도 우리 주 예수 안에 있는 영생이라고 했습니다.

이처럼 예수님을 믿음으로 우린 근원적으로 새로운 피조물이 되었습니다. 이를 무엇으로 다 감사드릴 수 있겠습니까? 생각하면 할수록 하나님께 정말 잘해야 겠구나는 마음뿐입니다.

오늘도 주님 안에서 평안을 빕니다.

용현희| 아이들을 키우면서 당당하게 자랐으면 하는 마음으로 "너는 특별하단다" 라며 말해준 기억이 납니다. 주님께서도 저에게 그리스도인이라는 특별한 사람이라고 말해주시는데 그 은혜를 충분히 누리지 못한 부족한 모습에 죄송한 마음입니다. 이제는 주님의 은혜에 늘 감사하며 살겠습니다.

강민석| 예수 그리스도로 인해 받은 은혜로 살아가는 것이 정말 감사합니다. 계속해서 묵상하고 하나님을 사랑하며 살아가고 싶습니다.

손지영| 한때 육신의 죽음에 극심한 두려움을 가졌던 때가 있었습니다. 그때 읽었던 말씀이 로마서입니다. 하나님께서 주신 생명이오니 그분의 뜻에 따라 살고 죽는 것은 정말 당연한 것이라는 생각이 듭니다. 더 이상 죽음에 두려움을 느끼지 않고 오직 하나님 나라의 영생을 누릴 수 있음에 감사함으로 하루하루 더욱 값지게 살아가는 우리가 되었으면 좋겠습니다.

사명의 자리

하나님의 종

하나님의 손과 발,
하나님 파트너로 사는 영광을 입은 자란 뜻입니다

8월 26일(수)

사람도, 일도,
사건도 다 하나님 경륜 안에 있으니

배성태입니다.

날씨가 많이 무더워졌습니다.
어떻게 지내십니까? 저힌 여러 날 동안 더위에 자다 일어나 베란다 문을 열어두고
다시 잠을 청하곤 했습니다. 그래도 당분간은 이런 날이 계속 되었으면 좋겠습니다.
곡식과 과일들이 영글기엔 최적의 날씨이니까요 그런데 큰 태풍이 올라 온다지요!
그러나 옛말에 '물좋고 정자좋은 곳이 많지 않다' 했으니 주어진 여건을 감사하고
받아들여야겠습니다. 요즘의 여러 상황들과 함께 말입니다.

며칠전 늦게 집에 들어갔더니만 거실에 사진들이 가득 널려 있었습니다. 그동안 미쳐
정리하지 못했던 수십 년 묵은 사진들이었습니다. 아이들 어렸을 적 것부터 교회
초창기적에서 비교적 최근 까지 성도들과 함께 했던 모습들을 보는데 그동안 잊고
있었던 사람들과 일들이 하나하나 떠올랐습니다. 기쁨과 아쉬움, 아픔과 그리움들이
교차했습니다.
그런데 이 모든 것들이 오늘의 디딤돌이 되고 징검다리가 되었음에 새삼 하나님께
감사드렸습니다. 사람도, 일도, 사건들도 다 하나님의 경륜 안에 있었음을 보았으니
까요.
그래서 요즘 겪는 힘든 일들도 훗날 좋은 추억이 될 것이라 기대하게 되었습니다.
누가 그랬죠? "추억은 아름다운 거라고–" 오늘 묵은 사진첩 한번 꺼내 보시면 어떨
까요? 그리고 거기서 오늘을 또 내일을 봐요.

샬롬.

손지영| 삶도 죽음도 허락하시는 유일한 창조주 하나님, 그 분의 셀 수 없는 피조물 중에서
유일하게 자신의 형상을 닮게 빚으실 정도로 사람을 사랑하시고 종으로, 친구로, 자녀로
삼아주심에 정말 감사함을 느낍니다. 코로나로 몸도 마음도 혼란하고 분주한 하루였지만,
오늘도 건강하게 지켜주신 하나님께 감사함으로 하루를 마무리합니다.

나한샘| 성도들을 위해 기도해 주셔서 감사합니다. 저도 어렸을 때 교회 사진들을 찾아봐야
겠네요. 잊고 있었던 사람들에게 안부를 묻고, 그들의 건강과 행복을 위해 기도하겠습니다.

사명의 자리

디딤돌

요즘 겪는 힘든 일들도 훗날 좋은 추억이 될 것이라
기대하게 되었습니다

제1교육관 철거 투어 중 ('19.1.27)

8월 29일(토)1

장로님에게

담임목사 배성태입니다.

장로님, 온라인 예배기한이 8월 30일까지였으나
총회의 교회대응지침과 노회의 권고, 그리고 강화된 방역 2단계 지침으로
인해 9월 6일(주일)까지 연기해야 할 상황이 되었음을 알려드립니다.

교회와 복음을 위해, 성도들의 가정과 삶을 위해 많은 기도 바랍니다.

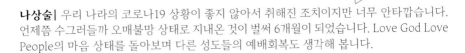

나상술 | 우리 나라의 코로나19 상황이 좋지 않아서 취해진 조치이지만 너무 안타깝습니다.
언제쯤 수그러들까 오매불망 상태로 지내온 것이 벌써 6개월이 되었습니다. Love God Love
People의 마음 상태를 돌아보며 다른 성도들의 예배회복도 생각해 봅니다.

사명의 자리

코로나19 기간 중 등록 새가족과 (`20.7.26)

우모하비전하우스 개관 기념식 (`19.3.2)

코로나블루, 말씀을 붙드는 교우들

배성태입니다.

끝난 줄 알았던 장마가 여전히 계속되는 듯한 분위기입니다. 태풍 '바비'가 지나간 자리를 또 '마이삭'이 우리나라를 기웃거리고 어제 오늘 비가 오락가락하더니만 지금은 시커먼 하늘에 쏟아 붓듯 내리고 있습니다.
여기에 코로나 전염병으로 인한 근심이 또 한 번 대한민국을 우울하게 하고 있습니다. 그야말로 코로나블루입니다. 그러나 이 또한 지나갈 것입니다. 좀 전에 한참을 쏟아 붓고 맑아진 저 하늘처럼 말입니다.

사실 근심과 걱정은 인생의 많은 동반자 중 하나입니다. 며칠 전 어느 교우를 만났습니다. 인생의 엄청난 시련을 겪고 셋방살이하다 요즘은 날개를 달고 날아오르고 있는 중인데 그 고난의 때 자신을 붙들어준 것이 하나님과 하나님 말씀이었다고 했습니다. 지금도 그때 붙들었던 말씀들을 붙여놓고 종종 보면서 힘을 얻고 있다고 했습니다. 그러면서 성경구절을 줄줄 외웁니다. 그중 하나를 소개하면
"두려워하지 말라 내가 너와 함께 함이라 놀라지 말라 나는 네 하나님이 됨이라 내가 너를 굳세게 하리라 참으로 너를 도와주리라 참으로 나의 의로운 오른손으로 너를 붙들리라" (이사야 41:10)입니다.
그런데 이분은 이런 얘기를 할 때면 늘 미소와 함께 굵은 눈엔 눈물이 맺힙니다. 웃는 건지 우는 건지 분간이 되지 않지만 좋아서 그러는 것임에 틀림없습니다. 어디 이 형제뿐이겠습니까?

예수님께서 말씀하시길
"너희는 마음에 근심하지 말라 하나님을 믿으니 또 나를 믿으라"(요한복음 14:1) 하셨습니다. 블루의 시대, 이 말씀을 꼭 붙들도록 합시다. 믿음이 우리의 특기 아닙니까?

그리고 내일, 주일예배 잘 드리시기 바랍니다.

샬롬.

사명의 자리

우모하영화공작소UFF 설립기념('14.5.25)

권혁진| 저는 교만하여 폭풍과 고난 앞에서 제 능력과 상황을 먼저 생각합니다. 그렇게 근심과 걱정이 시작되고 점점 지쳐갑니다. 힘을 좀 빼야겠습니다. 세상의 대주재이신 주님을 다시 인정하고 바라보아야겠습니다. 그리하여 고난 앞에서, 먼저 늘 함께하시는 주님을 의지하는 제가 되길 소원합니다.

임성경| 목사님께서 보내주시는 문자는 항상 감동이고 은혜이며, 큰 위로가 됩니다. 이 힘든 시기에 주님의 자녀라 감사드리며, 명선의 지체라 더욱 기쁩니다. 목사님 사랑합니다~

9월 1일(화)
새벽예배 시작기도문

전능하신 하나님 아버지, 새날을 허락해주시고 이 아침에도
주님의 전에 모여 예배할 수 있는 은총을 주시니 감사합니다.
또한 가정에서 깨어 주 앞에 예배하는 귀한 성도님들 가정 위에
주의 평안을 더하여 주시고,
명선의 모든 가족들에게 날마다 주님을 사모하는 마음이 더하도록
인도해주시기 바랍니다.

예배중보기도팀, 그리고 레위중보기도팀의 기도를 저희가 함께 드리면서
지난 주의 말씀을 우리가 곰곰이 생각해 봅니다.
60여 년에 이르도록 주님에 대한 무관심, 그것으로 인한 성전에 대한 무관심,
예배에 무관심, 성경에 대한 무관심, 헌금드림과 헌신에 대한 무관심,
그것으로 인해 개인적인 삶이 무너지고 가정이 무너지고 나라가 무너진 안타까운
역사의 현장들을 저희들이 보면서 주님, 우리 안에 이러한 허물들이 없는지 다시 한
번 돌아보지 않을 수가 없었습니다.
지금의 여러 가지 어려운 현실이 행여나 우리에게 이러한 일들로 발생되거나
생겨나지 아니하도록 주께서 도우시고, 주님, 날마다 주님을 사모하는 마음이
우리 안에 더하여 지도록 도와주시길 간절히 빌고 원합니다.

이제 9월이 시작되었습니다. 참으로 우리가 모든 활동을 하기에 좋은 계절이
되었습니다, 그러나 여러 가지 제약들이 있는 상황 속에 이 땅을 지켜 보호해주시고,
힘들고 어려운 상황 속에서도 이 나라 모든 백성들이 내가 할 수 있는 영역 안에서
최선의 삶을 살아가게 하시고, 모든 두려움과 낙심과 불안으로부터 지켜
보호해주시고, 약할 때, 어려울 때 우리가 의지할 분은 전능하신 하나님인 것을
알게 하사 모든 사람들의 마음을 두들겨 깨워 잠에서 깨어나 전능하신 주님을
바라볼 수 있도록 도와주시기 바랍니다.

이 나라 이 백성이 힘들고 어려웠을 때 우리 하나님께서는 교회를 통하여
역사하셨던 것을 우리가 기억합니다.
주님, 다시 한 번 이 기회가 사람들로 하나님을 바라보게 하는 기회가 될 수 있도록
도우시고, 주님의 교회를 통해서 삶의 참된 안식을 누릴 수 있도록 복되게 하여
주시옵소서.

우리의 구세주 예수 그리스도의 이름으로 기도합니다. 아멘.

- 배성태 목사 -

9월

넉넉히 이길 수 있기에

볼지어다 내가 문 밖에 서서 두드리노니
누구든지 내 음성을 듣고 문을 열면
내가 그에게로 들어가 그와 더불어 먹고
그는 나와 더불어 먹으리라
[요한계시록3장 20절]

9월 1일(화)

전능자의 그늘 아래 살기에

배성태입니다.

9월의 첫날입니다. 우물쭈물하는 사이에 이렇게 됐습니다. 어제 오후엔 회색빛 구름 사이로 보인 옥색 빛 하늘이 가을과 함께 희망을 손짓하는 듯했습니다.

9월의 달력의 성구를 보셨습니까?
'지존자의 은밀한 곳에 거주하며 전능자의 그늘 아래에 사는 자여'(시편 91:1) 제가 이 말씀을 인상 깊게 본 것은 9년쯤 전입니다. 집안일로 서울대병원 영상의학과 주임 교수님을 만났을 때였습니다. 그분은 장로님으로 한국기독의사회에서도 헌신하고 계신 분이셨는데 시골 목사님의 자제셨습니다. 저보다는 몇 살 위쯤 되어 보였는데 아주 가냘픈 체구를 지닌 분이셨습니다.

그분 방에 들어섰을 때 제 눈에 띈 것이 있었는데 책상 위에 놓인 작은 액자였습니다. 거기에 이 구절이 음각으로 새겨져 있었습니다. 그 순간 여러 생각들이 스쳤습니다. '이분의 오늘을 만드신 분이 지존하시고 전능하신 하나님이셨구나' '평생을 이처럼 주님 안에 머물러 계셨구나'

그날부터 이 말씀을 자주 묵상해오고 있습니다. 이제 9월 한 달 동안 우리 명선가족들이 사랑해야 할 말씀이 되었습니다. 이렇게 우리도 그분처럼, 시편의 성도처럼 하나님의 사랑에 푹 빠져 살았으면 좋겠습니다.

샬롬.

이종민| 하나님이 나의 주인임을 깨달은 지 10여 년. 그러지 못했던 이전의 세월을 야속해 하고 참회와 간구의 날들을 보내면서 다시 한번 깨닫게 해준 목사님의 서신. 몰랐을 뿐이지 전 이미 그 전에도 훨씬 이전부터 '전능자의 그늘 아래' 있었습니다. 아멘!

홍정진| 만물의 대 주제이신 예수님의 품 안에서 우리가 보호받고 있다는 것이 얼마나 큰 은혜인지 다시금 깨닫습니다. 여러 혼란의 소용돌이 안에서 항상 주님만을 붙들게 하옵소서. 사랑합니다 주님!!

넉넉히 이길 수 있기에

시편의 성도처럼

하나님의 사랑에 푹 빠져 살았으면 좋겠습니다

주일 3부예배 샬롬찬양대 ('19.12.15)

9월 3일(목)

대추 한 알, 익어가고 여물어지듯

배성태입니다.

새벽녘까지 내리던 많은 비와 센 바람이 어느덧 살랑대는 초가을 바람으로 바뀌었습니다. 또 가끔은 옅은 햇살로 미소를 날리기도 합니다. 지난 밤 까지만 해도 어떤 이의 마음은 꽁꽁 묶어 뜬눈으로 지새우게 하고, 또 어떤 이는 기도하며 잠자리에 들게 했는데 말입니다.

오래전 이맘때쯤 광화문 교보문고 앞을 지나다 건물 벽에 넓게 걸려 있는 장석주 시인의 「대추 한 알」이란 시를 본 적이 있습니다.

저게 저절로 붉어질 리 없다
저 안에 태풍 몇 개
저 안에 천둥 몇 개
저 안에 벼락 몇 개
저 안에 번개 몇 개가 들어서서
붉게 익히는 것일 게다

저게 저 혼자서 둥글어질 리는 없다
저 안에 무서리 내리는 몇 밤
저 안에 땡볕 두어 달
저 안에 초승달 몇 달이 들어서서
둥글게 만드는 것일 게다

대추야
너는 세상과 통하였구나

전 그때 이 시를 처음 접했는데 감동이 얼마나 컸는지 모릅니다. 그렇게 가을 내내 지나는 사람들의 마음을 만져주었습니다.

인생은 그렇게 익어가고 여물어져 가는 건데, 변덕이 아니라 자연의 순리인 것인데 당장엔 왜 그리 조바심하게 되는지 모릅니다. 올해도 내 인생에 몇 개의 태풍과 번개, 비바람, 땡볕이 지나갔습니다. 그리고 또 오겠죠.

넉넉히 이길 수 있기에

"기록된 바 우리가 종일 주를 위하여 죽임을 당하게 되며 도살당할 양 같이 여김을 받았나이다 함과 같으니라. 그러나 이 모든 일에 우리를 사랑하시는 이로 말미암아 우리가 넉넉히 이기느니라"
(로마서 8:36-37)

그렇습니다.
이렇게 이기는 것입니다.

샬롬.

김선영a| 추위와 비바람이 고난이 아님을 이른 봄 교회 마당에 핀 목련꽃을 보고 알았습니다. 태풍과 천둥과 벼락과 번개 그리고 무서리와 땡볕은 잘 익은 대추 한 알을 위한 축복임을 알게 해 주시니 감사드립니다. 오늘도 주님 주신 하루를 감사하며 마스크 벗고 목련꽃 아래에서 찬양할 날을 위해 기도합니다.

권시화| 대추 한 알도 태풍, 천둥, 땡볕을 이겨내고 나무에 매달려있는데 저는 어땠는지 돌아보게 됩니다. 주님 되신 포도나무에 매달려서 매일 가지에서 떨어질 궁리만 하고 있지 않았는지^^; 항상 서신을 읽을 때마다 코로나가 없었다면 목사님의 서신도 받아볼 수 없었겠지 하며 미소짓게 됩니다.

9월 7일(월)

행복을 누리며, 풍성함에 감사하며

배성태입니다.

월요일 아침입니다. 새벽예배를 마치고 목양실에 들어서는데 마주 보이는 창밖의 풍경이 그리 아름다울 수가 없습니다.
밤새 더 짙어진 듯한 녹색의 나무들과 풀들, 끊임없이 내리며 잎새에 부딪히는 빗소리, 비를 피해 창가에 앉아 인사를 건네는 까치 그리고 밀려드는 신선한 공기….

그래서 소등을 한 채 창밖을 마주하고 앉았습니다. 이렇게 한 시간쯤 이런저런 생각을 하며 행복을 누렸습니다.

그리고는 여기 앉은 채로 느긋하게 아침을 먹었습니다. 복숭아 하나, 바나나 조금, 포도 조금, 무화과 두 개, 치즈 한 조각, 낫토 하나, 그리고 버즈 커피, 비타민C 1000mg 두 개. 저 이렇게 잘 먹고 삽니다.

우리 함께 잘 챙겨 먹고 건강하도록 합시다. 요즘은 삼식(三食)으로 사는 것이 모두를 위하는 것입니다.

샬롬.

이주연| 샬롬! 요즘 가장 많이 드는 생각은 당연한 것으로 여기던 것이 감사의 제목이었다는 것입니다. 예전에는 삼시 세끼를 먹는 것도 가끔씩 비싼 음식이나 먹고 싶은 음식을 골라 먹는 것조차 당연한 것이라 생각했습니다. 하지만 지금은 다른 마음입니다. 김치 하나에도, 고추장 한 스푼에도 감사합니다.

홍영희| 멀리 전주까지 목사님 편지가 배달되어 목사님 아침식사에 군침을 꼴깍 삼켰습니다. 창밖 풍경은 그림처럼 보여지고요. 명선교회와 목양실이 눈에 그려져서 행복했습니다. 또 찾아뵐 수 있는 날이 오기를 기대하며 모두 건강하세요.

넉넉히 이길 수 있기에

본당과 1교육관 사이 정원 모습(’18.6.20)

지리산 명선봉(1,586m) 등산기념(’17.6.5)

9월 8일 (화)

기도의 수고, 신앙의 열매

배성태입니다.

목회계획대로라면 어제부터 새벽신앙수련회를 해야 할 주간입니다. 이때가 되면 어른, 아이 할 것 없이 예배당을 꽉 채워 주님의 은혜를 사모했었는데 올해는 두 번을 그냥 보내고 말았습니다. 큰 아쉬움입니다. 그러나 매일의 새벽예배를 이런 마음으로 준비하며 예배하고 있으니 하루의 첫 시간을 함께 했으면 합니다.

새벽예배는 하나님의 큰 선물입니다. 그러므로 그리스도인으로 살면서 새벽기도의 맛을 경험하지 못한다면 이는 얼마나 큰 손실이며 하나님을 애태우는 일인지 모릅니다.

새벽기도는 직분자라 하여 저절로 될 수 있는 것이 아닙니다. 기도에 대한 믿음이 있어야 하고 훈련이 되어야 하고 인내가 있어야 할 수 있는 것이기 때문입니다. 잘 익은 탐스런 빨간 사과가 상품으로 출하되기까지 농부의 애씀은 이루 말할 수 없듯이 내 신앙의 열매를 거둠에 있어 기도하는 수고는 당연한 것이며 그 보람은 아주 클 것입니다.

우리 교회 교역자가 되면 읽어야 하는 책이 몇 권 있는데 그중에 하나가 오 헬레스비의 「기도」입니다. 오래전 교우 여러분께도 필독서로 추천한 적이 있습니다. 최근 기도훈련이 필요한 교역자가 있어서 이 책을 요약하여 제출하도록 했습니다. 반성과 다짐을 보면서 교우 여러분과도 함께 나누고 싶어졌습니다.

저는 이 책을 기도의 '명저'라고 생각합니다. 그래서 제 서재 가장 잘 보이는 곳에 두었습니다. 내일부터 매일 목회서신을 통해 요약하여 보내겠습니다. 넉 주 정도를 예상하고 있습니다. 우리 함께 '기도의 사람'으로 세워질 꿈을 꾸어보면 어떨까요?

샬롬.

손지혜 | 목사님 보고싶어요. 평안하신지요, 새벽신앙수련회기간을 이렇게 보내게 돼서 아쉬워요. 새벽에 실컷 기도하고 예배당을 나서며 맞이하는 아침이 얼마나 상쾌하던지요, 집에서도 수시로 기도할 수 있도록 할게요. 목사님 건강하세요.

류성곤 | 목사님의 편지를 읽으니 부끄럽기만 합니다. 수고로움이나 훈련 없이 신앙생활을 했던 것 같은 저의 모습을 반성하게 됩니다. 하나님은 매일 매일 크리스천의 저를 원하시는데 말이지요. 저도 올 가을엔 추천하신 책을 읽어봐야겠습니다.

넉넉히 이길 수 있기에

김중근 집사의 '나는 또 교회에 갑니다' 출간 ('16.7.17)

우모하비전센터 8층 기도실 ('20.7.1)

9월 9일(수)

주님과의 관계를 제대로 인식한다면

오 할레스비의 「기도」 두 번째 이야기

제가 이 책을 만난 건 84년 초 서울 영락교회에서 사역할 때였습니다. 오랫동안 절판되었다가 그해 다시 인쇄되었습니다. 당시 저는 이후 목회를 염두에 두고 기도하며 있던 중이었는데, 이 보물 같은 책을 만났던 것입니다. 단숨에 읽었고, 읽고 또 읽으며 기도에 맛을 들여갔습니다. 이 기도의 열매가 우리 명선교회입니다.

오 할레스비(O.Hallesby)는 서문에서 이 책은 자기가 가장 쓰고 싶었던 책인 동시에 가장 두려워하며 썼던 책이라고 했습니다. 그만큼 자신의 모든 것이 녹아있을 뿐 아니라 마음을 다했던 것입니다. 이 책을 통해 우리는 기도의 거장의 면모를 보게 될 것입니다. 여기서 떨어지는 고물만 주워도 가슴이 두근거릴 것입니다.

1장의 주제는 '기도란 무엇인가?'인데 사실 이는 기도에 대한 의욕을 갖기 위한 첫걸음입니다. 이것이 분명하지 않음으로 인해 기도에 대한 오해가 생기고 기도가 지속되지 않기도 합니다.

저자는 이와 관련하여 자신이 생각하는 바 기도를 들어가는 열쇠와 같은 성구를 하나 소개합니다. "볼지어다 내가 문 밖에 서서 두드리노니 누구든지 내 음성을 듣고 문을 열면 내가 그에게로 들어가 그와 더불어 먹고 그는 나와 더불어 먹으리라" (요한계시록 3:20) 저 역시 이에 공감하며 기도와 관련하여 큰 영감을 받았습니다.

이는 우리가 그리스도인 되기 전후에 대한 상태를 나타내는 것인데, 예수님을 믿은 이후 우린 내 안에 계신 주님과 더불어 음식을 나누는 친밀한 교제의 특권을 지니게 된다는 것입니다. 그런데 기도는 이 특권을 지속해서 누리고 맛보는 수단인 것입니다.

주님과 단둘이 만찬을 나누는 상황을 생각해 보십시오. 일반적으로 이런 자리에서는 서로에 대한 존경과 애정을 표할 뿐 아니라, 음식을 권하기도 하고 먹여주기도 하며 다양한 주제로 얘기를 나누기 마련입니다. 일상의 소소한 것에서부터 기쁨, 아픔, 고민, 치유, 과거 현재 미래의 소망 등에 대해서 서슴없이 나누며 호소하며 약속을 주고받게 됩니다.

그런데 우리의 이 상대가 주님이십니다. 주님께서는 늘 만찬을 준비해놓으시고 우릴 기다리고 계십니다. 문제는 우리가 이런 관계를 제대로 인식하지 못한다는 것입니다. 많이 아쉽쥬ㅠㅠ

넉넉히 이길 수 있기에

저 주시는 하나님 조각상('12.4.27)

현태인| 목사님의 목회서신을 읽고 오래전에 지방에서 올라와 서울에서 처음 하숙생활 하던 때가 생각났습니다. 그동안 집에 있었을 때는 풍족하지는 않았지만 먹고 싶은 것이 있으면 자유롭게 먹을 수 있었는데, 하숙집에서는 전혀 그렇게 할 수가 없어서 새삼스럽게 집이 그리워졌던 기억이 있습니다. 우리의 신앙생활도 자신의 집에 있었을 때처럼 주님 앞에서 언제든지 기도로 나가면 되는 것을 마치 하숙생처럼 현실 속에서 빈곤하게 지내는 것은 아닐까란 생각이 들었습니다. 이 모든 것이 주님의 것이거늘 왜 그동안 남의 것이라고 생각하며 지냈는지, 그리고 아직도 머뭇거리는 것들이 많은지 반성을 하게 됩니다. 예수님의 준비된 만찬을 자기집처럼 편하게 드나드는 자가 되어야겠습니다. 주님과 진솔한 대화를 나누어야겠습니다. 감사합니다. 목사님.

이성욱| 요즘은 혼밥이라는 단어가 생길 정도로 식사 교제의 중요함이 사라져가고 있죠. 누군가와 단둘이 만찬을 즐기는 장면을 상상해봤습니다. 만일 친밀한 사이가 아니라면 단둘이 마주 앉아 식사하는 것이 그리 편하지 않을 것입니다. 가족과의 식사는 편하고 친밀한 사이이기 때문에 함께 식사를 하는 것일까요? 아니면 함께 식사를 하다 보니 편하고 친밀한 사이가 된 것일까요? 아마도 후자가 아닐까요? 주님과의 만찬(기도)도 오랫동안 반복하면 할수록 주님과의 관계를 더욱 친밀하게 만들어 줄 겁니다. 어쩌면 아직은 어색하고 대화거리가 부족할지 모르지만... 아침, 점심, 저녁 삼시 세끼를 챙겨 먹듯 기도를 챙겨 먹어야겠습니다.

9월 10일(목)

무력함의 은혜

배성태입니다.

전형적인 초가을 날씨입니다. 천고마비의 계절에 우리도 기도로 영육을 풍성케 하는 계절이 되었으면 합니다. 오 할레스비의 「기도」세 번째 이야기입니다.

저자는 주님과 더불어 먹고 마시는 생활을 제대로 하기 위한 필수요소를 '무력(無力)함과 믿음'이라고 했습니다.

그는 '무력한 자만이 제대로 기도할 수 있다'고 했는데 처음엔 이게 뭐지라는 생각이 들었습니다. 그런데 "나를 떠나서는 너희가 아무 것도 할 수 없음이라"(요한복음 15:5)는 말씀을 이해하고 경험해야만 하나님께 가까이 나아갈 수 있다는 얘기를 들으면서 눈이 번쩍 떠졌습니다. 사실 무력함 때문에 어찌할 바 몰라 하는 이들이 의외로 많지 않습니까? 자신의 미지근한 신앙상태, 불성실함, 죄성, 인간적인 부족함 등등. 그러나 기도는 무력한 자를 위해 준비된 것이라는 저자의 얘기에 기도할 용기, 하나님 앞에 나아갈 용기가 생깁니다.

어린아이를 생각해보십시오. 아이는 부모에게 수고만 끼치면서도 부모에게서 눈을 떼질 못합니다. 필요가 있기 때문입니다. 원하는 바를 제대로 표현하지 못할 땐 그냥 울어버립니다만 부모는 금방 그 호소를 알아차리고 필요를 채워줍니다. 우리 하나님은 이런 분이시라는 것입니다.

제가 무력함의 은혜를 알게 된 것은 그리 어려운 일이 아니었습니다. 84년, 영락교회 사역이후 다음 목회지를 위해 이런저런 생각을 하고 있을 때 내가 할 수 있는 것은 거의 없었습니다. 중도에 신앙생활을 시작했던 저희 집안이었기에 교계에 아는 이 하나 없는 저로선 어디 기댈 데가 없었습니다. 그리고 서른하나의 어린 나이였으니 배움이나 경력이 일천하여 내세울 것도 없었고, 목회정보에 대해서도 깜깜이었습니다. 그렇다고 해서 어디 가서 들이대는 성격도 못되었습니다. 그런 제게 가장 쉬운 것은 하나님을 바라보는 것이었습니다.

그때 저는 무력함이 기도의 비결이요 하나님과의 관계에 결정적인 요소가 됨을 알았고 나의 무력함에 대해 얼마나 감사했는지 모릅니다. 지금도 마찬가지입니다. 하나님 아니면 난 바람 빠진 풍선 같은 자이기 때문입니다. 그래서 매사에 주님을 기대어 살아갑니다.

넉넉히 이길 수 있기에

그러므로 자신의 무력함 때문에 염려하거나 기도를 주저하거나 포기하지 않도록 해야 합니다. 무력함이야말로 기도하기 딱 좋은 환경이기 때문입니다.

이혜진| 목사님의 서신을 읽으며 하나님의 은혜와 도우심이 아니면 아무것도 할 수 없음을 다시 묵상해봅니다. 그리고 늘 그 은혜에 감사한 하루하루입니다. 하나님과 항상 동행하며 주님만 바라보는 삶을 살기로 다짐해봅니다.

박세희| 목회서신을 통해 손 내미시는 주님 모습을 봅니다. 그리고 그 손을 다시 가족들과 코이 친구들에게로 향합니다. (힘들고 어려운 일이 있으면 혼자 고민하지 말고 누구에게든 손 내밀어 주세요. 모두에게 힘든 점과 어려움이 존재합니다. 우리가 서로 손잡을 때 예수님이 함께 하시며 기뻐하십니다.) 이렇게 중보하고 있습니다. ♥ 목사님 감사해요

2019 추수감사 찬양제 ('19.11.4)

9월 12일(토)

느긋함, 하나님의 섭리를 알기에

배성태입니다.

가을비와 함께 선선한 공기가 가을을 실감나게 합니다.

오 할레스비의 「기도」네 번째 이야기입니다. 그제 기도를 기도되게 하는 두 가지 요소 중 '무력함'에 대해 생각했습니다. 어제 오후에 이에 공감을 표하는 교우를 만났습니다. 그는 최근 자신의 무력함 속에서 하나님을 바라보게 되었노라고 했습니다. 저는 '이제 당신은 살았다'고 격려해주었습니다.

오늘은 믿음의 요소에 대해 생각해봅시다. 저자는 '무력함이 믿음을 만날 때 기도를 낳는다. 믿음의 본질은 그리스도께 나오는 것이다'고 했습니다. 그런데 이처럼 믿음으로 기도하는 자에게도 내적불안과 의심이 일어날 수 있으나 이를 불신앙으로 오해하지 말라고 했습니다. 왜냐면 불신앙은 주님께 나아가는 것을 거부하는 것이지만 의심은 주님께 나아가지만 자신의 연약함으로 인해 불안하고 괴로운 상태를 의미하는 것이기 때문입니다. 저자는 이를 마가복음 9:14-30을 통해 의심 중에도 은혜를 입게 된 사람에 대해 자세히 설명해주고 있습니다.

그러므로 의심은 우리가 생각하는 것처럼 위험한 것이 아니며 믿음이나 기도에 해를 끼치지 않습니다. 그것은 우리를 무력하게 만들어 더욱 주님께 나아가도록 이끌어 주는 것입니다. 그러므로 기도를 전후하여 믿음이 흔들릴 땐 '주님 제가 이렇듯 형편없습니다. 저의 연약함을 용서하시며 붙들어주옵소서. 나의 믿음 없는 것을 도와주옵소서'(마가복음 9:24)라고 기도하면 된다는 것이 저자의 주장입니다. 저도 그렇게 생각합니다.

그렇습니다. 의심이 일어날 때 억지로 믿으려고 애쓰거나 마음에서 의심을 내쫓으려 하거나 두려워할 것은 없으며 나의 약함을 말씀드리고 있는 그대로 주님께 나아가도록 합시다. 대신 하나님의 '아버지 사랑'을 믿으셔야 합니다. 무엇보다 나와 함께 여기 계시는 임마누엘의 하나님을 믿어야 합니다. 그리고 의견을 말씀드린 후엔 기다려야 합니다. 우리는 명령권자가 아니기 때문입니다.

제게도 36년 된 기도제목이 있습니다. 교회 창립과 더불어 시작한 기도인데 부분적으로는 이루어졌으나 다 응답받은 것은 아닙니다. 그런데 이를 이루어감에 있어 참으로 신묘하신 하나님의 섭리들을 보았습니다. 그래서 오늘도 느긋하게 기다리고 있습니다.

넉넉히 이길 수 있기에

평안한 토요일 되십시오. 그리고 내일 예배 때 뵙겠습니다.

샬롬.

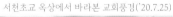

정경진| 무력함으로 기도의 자리를 찾았지만 그때마다 늘 의심이 있습니다. 떨쳐버리면 다시 오고, 또 오고... 그러다가 낙심하여 기도의 자리를 피했던 적도 있습니다. '믿음으로 기도하는 자에게 의심이 올 수도 있다'는 말씀에 큰 위로가 됩니다. 나는 과연 믿음이란 것이 있는 것인가.. 했거든요. 의심이 또 찾아오겠지만 이젠 다를 거 같습니다~

이미란| 작은 믿음도 주님 앞에 가지고 갈 수 있다니 감사 또 감사!
"주님~ 저의 믿음 없는 것을 도와주시고 더 큰 믿음 주소서." ♥ 목사님 감사합니다.

서천초교 옥상에서 바라본 교회풍경('20.7.25)

도와주소서! 기적을 맛볼 수 있는 기도의 정석

배성태입니다.

어젠 오랜만에 청명한 날씨 가운데 주일을 보냈습니다. 오늘도 평안하시죠?

오 할레스비의 「기도」 다섯 번째 이야기의 주제는 기도의 어려움입니다. 이에 대해서는 우리 모두가 공감하는 바입니다. 그런데 우리는 왜 기도를 어렵다고 생각하는 걸까요? 여러 가지 이유가 있을 것 같습니다. 그러나 저자는 그렇지 않다고 단호하게 말합니다. 이를 예수님께서 갈릴리 가나 혼인잔치에서 물로 포도주를 만드신 사실을 통해 가르쳐 줍니다(요한복음 2:1~11)

어느 날 예수님과 제자들, 모친 마리아가 잔치에 초대받았습니다. 아마 예수님 가정과 친밀한 관계에 있었던 것으로 보입니다. 그런데 잔치 중에 중요한 음식인 포도주가 떨어졌습니다. 이를 딱하게 여긴 마리아가 예수님께 '저들에게 포도주가 없다'고 얘기했습니다. 부탁이 의외로 단순했지만 잔뜩 기대에 차있는 듯했습니다. 저자는 이를 '기도의 정석'이라고 말합니다. 이처럼 '기도는 내게 없는 것을 말하는 것이지 하나님을 설득하거나 강요하는 것이 아니다'는 것입니다. 그런데 예수님께서 아주 냉담하게 대답하셨습니다. "여자여 나와 무슨 상관이 있나이까 내 때가 아직 이르지 아니하였나이다"(4절) 마리아의 반응 역시 의외였습니다. "하인들에게 이르되 너희에게 무슨 말씀을 하시든지 그대로 하라"(5절) 상황은 급한데 그녀는 아주 태평해 보입니다. 이는 예수님이 어떤 분이신지 잘 알고 있을 뿐 아니라 알아서 하실 거라는 기대가 있었기 때문입니다. 그 후의 일은 우리가 아는 대로입니다.

오래전 대천덕 신부님이 생존해계실 때 예수원 기도모임에 다녀온 적이 있습니다. 독특한 기도모임이었습니다. 한 사람이 기도제목을 하나님께 보고하는 식이었고 회중들은 아멘으로 화답했습니다. 마리아식의 기도를 하고 있었습니다. 열광적이지는 않았으나 평온했고 하나님이 들으시겠구나, 일하시겠구나는 기대가 제 안에 생겼습니다. 예수원을 깊은 영성의 처소로 말하는 이유를 알 것 같았습니다.

그렇습니다. 기도는 우리의 문제와 필요를 하나님께 말씀드리고 처분을 기다리는 것입니다. 이는 마치 아이가 '엄마 나 배고파, 배 아파, 힘들어'라고 말하는 것과 같습니다. 그러므로 기도는 결코 어려운 것이 아닙니다. 오늘부터 이렇게 기도를 훈련해 보면 어떨까요? 그래서 물이 포도주로 변하는 기적을 맛보았으면 합니다.

사랑하고 축복합니다.

양주 동문교회 마을잔치 조이라이프 공연('07.8.16)

이경제 | 기도할 때마다 매번 무작정 구하는 기도가 맞는 건지 아니면 구체적으로 구하지 않고 모든 걸 주님께 맡기는 게 맞는 건지 고민했었습니다. 오늘 목회서신을 통해 간단하지만 명확한 답을 얻었습니다. '내게 없는 것을 구하고 결과는 주님께 맡긴다' 앞으로 기도를 통해 만날 주님을 기대하게 됩니다.

최혜경 | 모든 것은 하나님의 뜻대로 이루어지고, 역사의 주관자는 하나님이시라는 것을 알고 있으면서도 문제가 생기면 내 뜻대로 해결해주시기를 바라며 기도한다. 나는... 마리아처럼 말씀을 듣고 기다릴 수 있도록 기도훈련을 해야겠다.

9월 16일(수)

기도는 일이다

배성태입니다.

수요일 오전, 평소 같았으면 서천초교 아이들의 재잘거림과 교회를 오가는 발길들로 분주했을 텐데 새소리와 스피커로 들리는 찬송소리만 잔잔히 흐릅니다.

오 할레스비의 「기도」 여섯 번째 이야기 주제는 '기도는 일이다'입니다. 어떻습니까? 기도의욕이 되살아나는 것 같으신가요? '너희가 얻지 못함은 기도하지 아니함이라'(야고보서 4:2)고 말씀하셨음에도 기도함에 있어 개인차는 많은 것 같습니다.
저자는 '기도는 우리의 일이 되어야 함'을 매우 강조하고 있습니다. 이유는 주님께서 우리에게 맡기신 일이 초인간적인 것이기 때문입니다. "너희는 가서 모든 민족을 제자로 삼아 아버지와 아들과 성령의 이름으로 세례를 베풀고 내가 너희에게 분부한 모든 것을 가르쳐 지키게 하라"(마태복음 28:19~20) 그래서 성도들을 성령과 기도로 무장시키신 것입니다. 그리고 약속하시기를 "너희 중의 두 사람이 땅에서 합심하여 무엇이든지 구하면 하늘에 계신 내 아버지께서 그들을 위하여 이루게 하시리라"(마태복음 18:19) 하셨습니다. 이로써 하나님의 전능하심을 드러내시며 성도를 천하무적으로 만드시려는 것입니다. 그러므로 기도는 하나님 나라에 있어서 가장 중요한 일이며, 성도는 하늘과 땅의 모든 일을 위해 마땅히 기도의 능력을 사용해야 하는 것입니다.

저자는 기도해야 할 대상을 다음과 같이 제안했습니다. 가정과 이웃/ 적재적소에 일꾼들이 잘 배치되기 위해(마태복음 9:38)/ 학교의 교사들을 위해(아이들의 영혼을 해롭게 하는 이들이 있기 때문)/ 전도자들을 위해/ 사회, 국가지도자들이 하나님의 뜻을 분별하고 따르기 위해/ 설교자 목사 전도사/ 성령의 은사를 받은 이들을 위해/ 집회를 위해/ 믿지 않는 자들을 위해/ 영적 각성과 부흥을 위해서...

그렇습니다. 기도는 이 모든 일을 이루는 선행조건이며 기도를 대신 할 것은 아무것도 없습니다. 그런데 일이 바빠서 기도의 일을 등한히 하는 것이 우리의 문제입니다.

최근 기도에 불이 붙은 한 친구 목사를 만났습니다. 기도하기 위해 새벽 3시에 일어난다고 했습니다. '그래, 장작은 끝 불이 더 뜨거운 법이니 우리 이렇게 살자'며 서로 격려했습니다.

사랑하고 축복합니다.

넉넉히 이길 수 있기에

남성조찬기도회('18.11.24)

기도
하나님 나라에 있어서 가장 중요한 일

이재범 | 기도는 하나님께서 맡겨주신 위대한 일들을 이루는 선행조건이며, 기도를 대신할 것은 아무것도 없다는 말씀이 제 마음에 깊은 울림을 주었습니다. 기도의 불을 지피는 은혜가 제 안에 타오르길 소망합니다.

황경수 | 예상치 못한 코로나19 상황이 이렇게 길어질 줄은 몰랐습니다. 하루하루 보내주시는 목사님 문자를 보며 많은 생각을 했습니다. 많은 성도들이 있는데 저희를 위해 기도해 주시고 염려해 주시며 아이들까지 이해해 주시는 글들을 보며 기도해야겠다. 성경 읽어야겠다 저 자신을 되돌아보게 해주셔서 깊은 감사를 드립니다. 수원에 계시다 대전으로 내려가신 아버지께서도 목사님 서신을 보관하시려 직접 타이핑 하셔서 파일로 보관하시기에 저에게 매번 빠트리지 말고 보내달라 하십니다. 목사님 감사합니다. 러브 God 러브 People 러브 MyungSun!

기도의 싸움

배성태입니다.

오늘은 세칭 불금(金)입니다만 대신 기도로 불금을 만들어 가면 어떨까요?

오늘 주제는 '기도의 싸움'입니다. 이는 일전에 나누었던 기도의 어려움과는 다른 측면입니다. '기도의 어려움'이 과연 기도로 문제가 해결될까? 이를 위해서 내가 더 노력해야 할 것은 무엇인가라는 근심과 염려에 관한 것인데 반해 '기도의 싸움'은 기도를 방해하는 영적 세력(사탄)에 관한 것입니다.

이에 대해 저자는 기도가 우리의 영적 생명을 지탱해주는 심장의 고동 같은 것이기에 사탄의 제1표적이 될 수밖에 없다는 것입니다. 그래서 모든 수단과 방법을 동원하여 기도를 방해합니다.

예컨대 기도에 싫증을 내게 하거나, 기도의 좌절감을 맛보게 하거나, 게으름과 다양한 핑곗거리를 찾게 되면서 기도를 후 순위로 밀어냅니다. 때론 사람이나 동물이나 전화 등등이 마치 짜 맞추기나 하듯 기도를 방해하기도 하고, 갖가지 생각이 떠오르면서 기도시간을 가장 불안정하게 만들어버립니다. 어떤 이는 아예 기도의 문턱을 넘지도 못합니다. 누구 할 것 없이 이런 쓰라린 경험들이 있을 것입니다. 그런데 이 모든 것이 자연발생적인 것이 아니라 사단으로 말미암은 것이라는 것을 아는 것이 중요합니다.

이에 저자는 사단의 공격을 이기는 몇 가지 방안을 제안합니다.
* 무력함을 주님께 내려놓으라.
  그러면 '모든 지각에 뛰어난 하나님의 평강이 그리스도 예수 안에서 우리 마음과 생각을 지키실 것이다'(빌립보서 4:7)
* 예수님처럼 정시기도 시간을 가지라.(마가복음 1:35)
* 기도하는 그 시간에 하나님의 임재 가운데 있음을 알고 느끼라.

이는 마치 의사 앞에 앉은 환자가 잠잠히 문진과 진찰을 따라 행동하듯, 급한 마음을 내려놓고 하나님께서 나의 마음과 행위를 살피시도록 시간을 드려야 한다. 그런데 많은 그리스도인들이 위대한 영혼의 의사이신 하나님 앞에 나아와서는 자기 말만 하고 일어선다는 것입니다. 만일 이런 환자가 있다면 그는 명의(明醫)를 만났을지라도 어떤 도움도 받지 못할 겁니다.

넉넉히 이길 수 있기에

그러나 우리가 주님의 임재 앞에 잠잠히 있을 때 나의 고통이나 그릇됨에 대해 알게 되며 그때 기도를 시작해도 늦지 않다고 했습니다. 이렇게 기도로 내 영의 심장을 끊임없이 고동치게 할 수 있다면 얼마나 좋을까요?

샬롬.

강문식ㅣ 장대비, 태풍, 천둥, 벼락, 번개, 무서리, 땡볕... 렘 29장, 행 27장 말씀을 읽고 묵상합니다. 아 얼마나한 위로이냐 하나님의 대추 한 알이 되고자 예수 그 이름 불러봅니다. 예수 예수... 그 소란하던 세상이 다 고요해집니다.

이효준ㅣ 저는 취침 전에 침대에서 엎드려 기도드리는 시간을 빼먹지 않고 갖고자 노력합니다. 그 기도시간이 정말 저에게 많은 힘이 됩니다. 저의 하루를 허락하신 하나님께 감사드리고 잘못한 것을 회개하며 내일도 인도해주시길 간구하는 그 기도시간이 너무 소중합니다. 목사님 감사합니다.

김성수(서현희)집사 가족사진 ('20.7.5)

제한적인 교회 주일예배 알림

오늘도 평안하신지요? 오늘 들어 두 번째 서신을 보내게 됐습니다. 이유는 지극히 제한적이긴 하지만 성전에서 주일예배를 드릴 수 있게 됐기 때문입니다.

최근 정부와 종교계는 '정부-종교계 코로나19 대응협의체'를 구성하고 수차례 협의한 결과 비대면 예배방침을 유지하되 예배당 입장 허용기준을 완화하기로 했다는 소식을 오후에 교단 총회로부터 받았습니다.
예배실 300석 이상은 50명 미만, 300석 미만은 20명 이내로 하도록 됐습니다. 우리 교회의 경우 본당과 부속예배실 세 곳, 우모하비전센터 예배실 다섯 곳 포함하여 한 번의 예배에 200명으로 제한하여 예배하며 1~4부로 진행하되 온라인 예배도 겸하여 드립니다.

교회에서는 방역에 만전을 기할 것입니다. 예배에 참석하실 성도님들께서도 다음 사항에 유의해주시면 고맙겠습니다.

① 토요일 10시부터 행정실을 통해 순서대로 신청을 받습니다.
② 열이 나거나 기침을 하시는 경우 온라인예배를 해주십시오.
③ 마스크를 꼭 착용해주십시오.
④ 예배실 출입은 두 곳으로 제한합니다. (본당, 우모하비전센터 정문)
⑤ 모든 공예배도 주일과 동일하게 진행됩니다.
⑥ 평일에도 교회를 오픈합니다. 오셔서 기도로 이 땅의 모든 교회와 어려움을 겪고 계시는 국민들과 나라를 위해 기도해주십시오.
⑦ 이 모든 일에 기도로 함께 해주시기 바라며 주일에 뵙겠습니다.

명선가족 여러분, 사랑하고 축복합니다.

넉넉히 이길 수 있기에

온세대예배 찬양('19.10.28)

서향진| 함께 모여 예배하는 것이 소중함을 새삼 느끼는 기간입니다. 목사님의 목회방침에 순종하여 어디서든 예배에 집중하겠습니다. 교회가 이 사회의 위기 극복을 위해 노력하고, 세상이 여러 가지 방법으로 전달되는 하나님의 메세지를 들을 수 있도록 함께 기도하겠습니다.

이창규| 언젠가부터 기다려지는 건 뭐니 뭐니 해도 담임목사님께서 보내주시는 목회서신이다. 바쁜 일상에 지쳐 쉼이 필요한 나에게 사이다처럼 묵은 갈증을 없애주는 청량음료와 같은 역할을 한다. 오늘의 주제는 무엇일까 하면서 한자 한자 읽어 갈 때마다 그 시원함 뒤편엔 지금의 코로나 사태로 인해 조금씩 식어 가고 있는 나의 믿음생활을 돌아보게 되고, 어쩌면 인간이 지은 죄값으로 받는 심판의 댓가라고 핑계 삼아 합리화하고 있는 내 모습을 보며 많은 죄책감에 빠지곤 한다. 하지만 그런 회개는 또 다른 긍정의 미래를 살게 되는 이유가 될 것이라 믿으며 목회서신을 통해서 늘 같은 다짐을 하게 된다. 더 많이 무릎을 꿇고 손 모아 아뢰는 삶, 주님의 뜻을 온전히 구하고 그 뜻대로 행하는 삶, 그래서 하나님을 영광되게 하는 일에 크게 쓰임 받는 삶을 살게 해달라고......

9월 24일(목)

간절함 보다 더 중요한 것

배성태입니다.

평안하시죠?

연일 쾌청한 가을 날씨입니다. 오 할레스비의 '기도'에 대한 가르침이 기도하는 일에 도움은 되시는지요? 오늘은 기도하는 태도에 대해 우리가 오해하고 있는 바를 말씀 드리겠습니다.

흔히들 내가 원하는 것을 얻어내려면 기도로 하나님을 끈기 있게 물고 늘어져야 한다고 생각합니다. 그 근거로 귀신들려 고통받는 딸의 문제를 들고나온 가나안 여인과 (마태복음 15:21-28), 내게 축복하지 않으면 가게 하지 아니하겠나이다 하며 하나님과 씨름했던 야곱(창세기 32:24-32), 오빠 나사로의 문제로 예수님께 나아온 그의 누이들(요한복음 11:1-44)의 얘기를 합니다.

사실 가나안 여인의 상황은 동정이불감입니다. 그녀는 흉악히 귀신 들린 딸을 고치기 위해 예수님을 따르며 소리치고 간청했습니다. 그럼에도 예수님께서는 한 말씀도 대답하지 아니하셨고 후에 하신 말씀 또한 매우 냉정한 듯 보였습니다. "나는 이스라엘 집의 잃어버린 양 외에는 다른 데로 보내심을 받지 아니하였노라. 자녀의 떡을 취하여 개들에게 던짐이 마땅치 아니하니라" 그러나 여인은 단념하지 않고 엎드려 겸손히 대답했습니다. "개들도 제 주인의 상에서 떨어지는 부스러기를 먹나이다" 그제서야 예수님께서는 "여자여 네 믿음이 크도다 네 소원대로 되리라"고 하셨습니다.

그런데 이를 마치 소원하는 바를 이루려면 애절한 모습으로 설득하고 간청해야 하는 것처럼 생각합니다. 물론 기도가 간절해야 함은 당연한 것이지만 주님께서 응답을 미루신 데는 그녀를 속상하게 하거나 끈기를 시험하기 위함이 아니라 다른 이유가 있으셨습니다. 사실 주님께 우리의 문제해결은 매우 간단합니다. 그러나 문제해결 이전에 주님과의 관계를 터주길 원하셨고 이방인임에도 얼마나 사랑하시는지를 대화를 통해 알려주고 싶으셨던 것입니다. 이로보아 그녀는 소원을 이루었다는 안도 감보다 이 사실로 더 기뻐했을 것입니다. 이처럼 우리가 기도하는 목적은 문제해결에 있지만 주님은 우리 자신이 목적입니다. 그러므로 삶의 문제가 있을 땐 지체 없이 하나님께 나아가 우리의 무력함을 말씀드려야 합니다. 그러나 문제해결에 초점을 두기보다 이로써 자신을 돌아보고 주님과의 인격적인 교제를 위한 계기로 삼아야 합니다. 아무튼 기도하는 사람은 이래저래 복됩니다. 우리 함께 기도의 길을 걸읍시다.

샬롬.

넉넉히 이길 수 있기에

우모하비전센터 내 토브스튜디오 개관 기념('20.7.5)

김영숙a| 아름다운 가을날에 파아란 하늘, 선선한 가을바람, 꿋꿋이 피어있는 가을꽃들을 한없이 바라보며 이런 풍광을 허락하신 하나님께 감사하면서도 일상이 그리움에 왠지 힘이 빠지는 순간 목사님의 서신 한 통이 큰 위로가 됩니다. 날마다 새롭게 저를 가다듬고 기쁜 맘으로 살아가도록 인도하소서. 사랑합니다~♡

한명진| 나의 생각 보다, 하나님의 뜻을 깨닫고 그 뜻에 순종하는 기도의 국면으로 Go Go!!

송희정| 기도는 늘 어려웠다. 삼신할매에게 물 떠놓고 복을 비는 기도를 자꾸만 하게 되는 까닭이었다. 오늘 말씀을 읽고 보니 내가 하던 '~주세요.' 기도는 하나님을 온전히 신뢰하지 못함이었다. 내 아버지가 내 필요를 이미 아시는데 무얼 더 달라고 구한단 말인가?

9월 29일(화)

제대로 된 기도를 아시나요

배성태입니다.

벌써 설악에 단풍이 들기 시작했다는 소식이 들립니다. 영상5도 이하에 물들기 시작한다니 이제 곧 온 산천이 노랑 빨강으로 옷 입을 듯합니다. 처져있던 우리의 마음이 한결 업(up) 될 것 같습니다.

조금 전 심방 다녀오는 길에 둔덕 위에 가득 피어있는 코스모스를 보는 순간 온몸이 상쾌해졌습니다. 이처럼 멋진 가을 풍경들이 무르익어 갑니다.

오늘은 '기도의 오용'이란 주제로 얘기를 나누겠습니다. 오 할레스비는 우리가 범하기 쉬운 중대한 기도의 오류에 대해 '이기심'을 언급했습니다. "구하여도 받지 못함은 정욕으로 쓰려고 잘못 구하기 때문이라"(야고보서 4:3) 이처럼 기도를 자신의 목적을 이루는 수단으로 삼는 경우는 응답이 되지 않는다고 단호하게 지적합니다.

물론 우리는 무엇이든지 구할 수 있습니다. (요한복음 14:14) 사사로운 것이어도 상관없습니다. 그런데 기도를 잘해야 합니다. 잘하는 기도는 어떤 것일까요?

· 기도의 목적을 하나님께 두는 것입니다.
· 하나님의 뜻을 묻는 것입니다. 겟세마네에서 예수님께서 하신 기도를 생각해보십시오.
  "이르시되 아버지여 만일 아버지의 뜻이거든 이 잔을 내게서 옮기시옵소서
   그러나 내 원대로 마시옵고 아버지의 원대로 되기를 원하나이다"
   (누가복음 22:42)
· 기도하는 중에 자기 변화가 계속 일어나는 기도입니다. 자기 정욕에 매여 있는 것들을 돌이키는 것입니다.

정욕이란 육체적이고 세속적인 욕망을 말하는 것이며, 자기만 생각하는 마음이며, 현재만을 생각하는 것을 말합니다. 그러므로 무조건 주십시오가 아니라 왜 이것이 필요한지를 분명히 말씀드려야 합니다. 돈을 어디에 쓰겠다, 건강하면 어떻게 하겠다, 일이 잘 되면 어떻게 하겠다는 약속 있는 기도를 드려야 합니다. 그런데 어떤 분은 그렇게 기도하는데도 안 들어주신다고 하나님을 원망하고 불평합니다. 그럴 리가 없습니다. 기도 응답은 하나님의 약속이니까요. 그렇다면 내게 문제가 있는 것입니다. 짐작건대 그동안 하나님께 거짓말을 워낙 많이 해왔기 때문에 하나님께서 그 기도를 곧이듣지 않으시는 것 아닐까요?

넉넉히 이길 수 있기에

그렇다면 내 삶의 반성이 필요하며 하나님께 신용을 회복하는 일이 우선 되어야 합니다. 이로 인해 혹 기도에 의기소침해지셨다면 다시 정직한 마음으로 하나님 앞에 서도록 합시다. 이제 우리의 기도는 새로운 국면에 접어들 것입니다.

명절 잘 보내십시오.

샬롬.

김선자b| 오랜 기간 믿음 생활 하면서 나름대로 열심히 기도한다고 했습니다. 그런데 제가 응답받지 못해 속상하고 원망했던 수많은 기도 뒤에 얼마나 많은 저의 이기심과 세상욕심이 있었는지 새삼 깨닫게 되었습니다. 이제라도 깨닫게 하시고 새로운 마음으로 기도의 자리에 나갈 수 있게 해주셔서 감사드립니다. 저만의 워룸에서 기도의 훈련을 쌓아가보겠습니다.

천현정| 샬롬~^^ 사랑하고 존경하는 목사님~ 근래 쾌청한 아침과 높고 맑은 가을 하늘을 보며 이 또한 코로나 시기에 하나님께서 주신 아름다운 선물임에 감사드리며, 우리에게 주시는 하나님의 또 다른 메세지를 생각하게 됩니다. 기도를 잘 해야 한다는 것, 지금까지의 기도는 나의 안위와 평안을 위한 기도였음을 되돌아보게 되었습니다. 기도의 목적이 나를 위한 이기적인 것이었음을 고백하며, '먼저 그 나라와 의를 구하라'는 말씀을 생각하고, 이제 하나님과 저 사이의 신용을 회복하는 시간을 가져야겠다는 생각이 드네요. 늘 우리를 위해 애쓰시고 기도하시는 목사님, 존경하고 사랑하며 축복합니다.

우모하비전센터 기공예배('19.4.7)

10월 8일(목)
새벽예배 시작기도문

전능하신 하나님 아버지

지난밤도 건강하게 하시고 예배의 자리를 허락해 주셔서 감사합니다.
오늘도 우리의 영과 육을 새롭게, 하나님을 영화롭게 해드릴 아름다운
도구들로 빚어주시기를 원합니다. 모든 상황과 거룩하신 말씀과 성령의
감화 감동하심 속에 날마다 저희들이 다듬어져 가게 하시고, 하나님
기뻐하시는 아름다운 사람들로 세워져 가도록 도와주시기 바랍니다.

주님, 우리의 연약함을 아시니 오늘도 주 능력으로 저희를 붙잡아 주시고
우리는 또한 몸도 연약하며 환경에 쉬 넘어지기 쉬운 자들이오니 다시 한번
거룩한 말씀 위에 능력이신 주님의 은총을 날마다 덧입어 살아가는 저희들이
될 수 있도록 인도해 주시기 바랍니다.

주님, 우리가 오늘을 사는 것은 세상 가운데 하나님의 영광을 드러내 보이기
위한 통로임을 아오니 전능하신 아버지여 합당하게 쓰여지는 저희가 될 수
있도록 은총을 더하여 주시길 간절히 빌고 원합니다.

죄 가운데 있던 저희를 불러 또한 죄악 된 세상을 변화시키기 원하시오니
믿음의 퍼포먼스를 아름답고 담대하게 행하며 살아갈 수 있는 저희 되게 하여
주시옵소서. 보이는 것만을 믿고 살아가는 사람들에게 보이지 않으나 확실한
구원과 천국의 소망을 세상에 말해줄 수 있는 저희가 될 수 있도록 은혜 베풀
어 주시길 원합니다. 저희와 저희 자녀들이 모두 다 이 거룩한 믿음 위에 견고하게
설 수 있도록 주님 역사하여 주시옵소서.

하나님 아버지, 이 아침에도 저희가 드린 간구가 하나님의 영광을 드러내는
아름다운 일이 될 수 있도록 인도하옵소서.

귀한 예물을 드리는 손길들을 기억해주십시오. 오직 주님을 바라며 주님의
은총을 구하는 귀한 심령 위에 은총을 베푸시며, 가정과 일터를 주께서 복된
길로 인도하옵소서. 기도로 심사오며 감사로 심사오니 전능하신 아버지의
영광을 드러내게 하옵소서.

구주 예수 그리스도의 이름으로 기도합니다. 아멘.

- 배성태 목사 -

10월

기도가 대화인줄 알았다면

이르시되 아버지여 만일 아버지의 뜻이거든
이 잔을 내게서 옮기시옵소서
그러나 내 원대로 마시옵고
아버지의 원대로 되기를 원하나이다 하시니

[누가복음 22장 42절]

10월 6일(화)

기도가 대화인줄 알았다면

명선가족 여러분, 명절 잘 보내셨지요?

명절 풍경이 예년과는 다르긴 했지만 보름달과 탐스런 과일들은 그대로였습니다.

저는 30개월 된 손녀로 인해 사흘을 제대로 즐겼습니다. 딸아이가 3만원을 주고 한복을 하나 사줬는데 명절 내내 입었다 벗었다를 반복하며 절도 하고 춤도 추며 온갖 재롱을 다 떨었습니다. '우리 주안이 꼭 공주님 같다'고 칭찬해주면 '난 주안'이라며 이내 정정합니다. 자신에 대한 자부심이 대단합니다. 이렇게 명절 내내 웃음꽃을 피웠습니다. 뿐만 아닙니다. 아이는 요즘 하루가 다르게 다양한 표현들로 우리를 놀라게 합니다. 못하는 말이 없습니다. 제법 대화도 됩니다. 소위 '말문'이 터진 겁니다. 말이 통한다는 게 여간 신기하지 않습니다. 그리 이쁠 수가 없습니다. 그래서 아이보다 우리가 더 신이 납니다.

이를 보면서 '하나님과 우리'를 생각해봤습니다. 만일 우리가 '기도의 말문'이 터진다면 하나님께서 얼마나 기뻐하실까 싶었습니다. 그렇다고 해서 청산유수가 되라는 것은 아닙니다. 오해하지 마십시오만 저는 조금도 쉬지 않고 기도하는 분들을 보면 오히려 이상하게 생각됩니다. 기도가 연설이 아니고 웅변이 아니고 강의가 아닌 이상 이럴 수는 없는 것입니다. 기도를 가장 잘 표현한 것이 '대화'입니다.

대화는 일방적이지 않습니다. 내 말을 하기도 하고 잠잠히 듣기도 합니다. 또 들은 말을 곰곰이 생각하며 또 말하고 맞장구도 치고 희로애락도 나누고 사소한 것까지 마음을 터놓습니다. 때론 내 소원을 얘기하며 간곡히 당부하기도 합니다. 그러다 자리에서 일어나 악수하고 헤어집니다. 이런 만남과 대화가 쌓여가면서 대화의 폭도 넓어지고 정도 깊어져 가는 것입니다. 이것이 만일 부모와의 대화라면 훨씬 진솔해질 것입니다. 무슨 얘긴들 못하겠습니까? 판단은 부모의 몫이지만 말입니다.

오 할레스비는 기도는 바로 이와 같은 형태를 지닌다고 얘기합니다. 그런데 많은 이들이 이 가장 기본적인 것을 등한히 한다고 했습니다. 우리 이제부터라도 하나님과 제대로 대화 한 번 해보았으면 합니다. 하나님은 우리 아버지십니다. 사랑이 끝이 없으시며 모든 것에 열려 있는 아버지이십니다.(누가복음 15:20~24)

이제 또 하루가 저물어갑니다.
오늘은 이런 기도로 마무리해보면 어떨까요?

샬롬.

주일 저녁예배 조이라이프사역팀 특별찬양 후('19.10.13)

차숙자| 코로나19로 교회에 가지 못해 많이 안타까웠는데 목사님의 문자 편지를 받고 큰 힘과 위로가 되었습니다. 매번 가슴이 뭉클하였고, 다음에는 어떤 편지가 올까 기다려지기도 합니다. 코로나19 때문에 교회에 맘대로 갈 수 없어서 너무 마음이 아프지만 교회 예배와 하나님의 말씀이 이렇게 중요함을 새삼 느꼈고 기도내용도 하나님 중심으로 변화되는 것을 보면 코로나가 신앙생활에 유익한 면도 있어 모든 것이 합력하여 선을 이루어감을 느낍니다. 목사님♡ 감사합니다.

한근호| 얼마전 차를 수리하기 위해 교회 성도가 운영하는 카센터에 들렀습니다. 수리하는 동안 근처 동네주위를 배회하면서 농사를 지은 텃밭에 여러 종류의 열매들이 주렁주렁 매달려 있는 것을 보았습니다. 그런데 저는 그 열매들보다 그것을 지탱해주는 지지대가 눈에 들어왔습니다. 열매와 결실이 있기까지 지지대가 꼭 필요한 것처럼 코로나19로 단절된 시간 동안 목사님의 중보와 목회서신들이 그렇게 우리로 열매 맺도록 지탱해주는 끈과 지지대 역할이었구나...그런 생각이 들었습니다. 기도의 눈을 다시 뜨게 해주셔서 감사합니다.

류성희| 목사님의 서신을 받고 하나님 아버지께서 이렇게도 간섭하심을 목회서신을 통해 알게 되었습니다. 일상다반사로만 여겼던 소중한 우리의 일상이 코로나19로 무너지는 현실이지만 우리의 예배는 계속되어 주님께 더욱 집중하며 겸손해질 뿐입니다. 변화된 작금의 생활이지만 목사님의 서신은 주님과의 관계를 유지케 하는 원동력이 되었습니다. 또한 성도를 향한 목사님의 섬세한 손길을 느낄 수 있었습니다. 코로나19가 사라지는 그날까지 하나님 아버지께서는 계속해서 우리를 예배의 자리로, 기도의 자리로 불러주실 것입니다. 목사님^^ 사랑합니다.

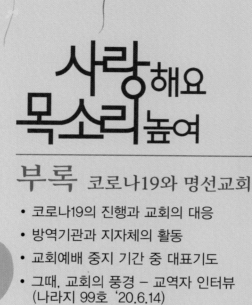

사랑해요
목소리높여

부록 코로나19와 명선교회

- 코로나19의 진행과 교회의 대응
- 방역기관과 지자체의 활동
- 교회예배 중지 기간 중 대표기도
- 그때, 교회의 풍경 – 교역자 인터뷰
  (나라지 99호 '20.6.14)

- 코로나19의 진행과 교회의 대응

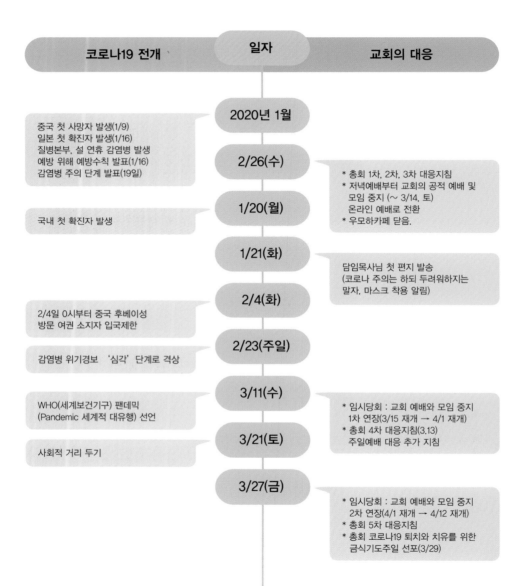

코로나19 전개	일자	교회의 대응
	2020년 1월	
중국 첫 사망자 발생(1/9) 일본 첫 확진자 발생(1/16) 질병본부, 설 연휴 감염병 발생 예방 위해 예방수칙 발표(1/16) 감염병 주의 단계 발표(19일)	2/26(수)	* 총회 1차, 2차, 3차 대응지침 * 저녁예배부터 교회의 공적 예배 및 모임 중지 (~ 3/14, 토) 온라인 예배로 전환 * 우모하카페 닫음.
국내 첫 확진자 발생	1/20(월)	
	1/21(화)	담임목사님 첫 편지 발송 (코로나 주의는 하되 두려워하지는 말자, 마스크 착용 알림)
2/4일 0시부터 중국 후베이성 방문 여권 소지자 입국제한	2/4(화)	
감염병 위기경보 '심각' 단계로 격상	2/23(주일)	
WHO(세계보건기구) 팬데믹 (Pandemic 세계적 대유행) 선언	3/11(수)	* 임시당회 : 교회 예배와 모임 중지 1차 연장(3/15 재개 → 4/1 재개) * 총회 4차 대응지침(3.13) 주일예배 대응 추가 지침
사회적 거리 두기	3/21(토)	
	3/27(금)	* 임시당회 : 교회 예배와 모임 중지 2차 연장(4/1 재개 → 4/12 재개) * 총회 5차 대응지침 * 총회 코로나19 퇴치와 치유를 위한 금식기도주일 선포(3/29)

4/5 (주일)

* 총회, 코로나6차, 7차 대응지침
* 4월 당회 : 교회 예배와 모임 중지
  3차 연장(4/12 재개 → 5/1로 연장)
  강력한 사회적 거리 두기 연장
  (4/6~4/19, 2주간)에 따라 4/30(목)
  까지 교회 예배와 모임 중지
* 경기노회 동부시찰 내 상가교회 3개월
  임대료 지원(17개 교회, 월 50만원)
* 경기노회 내 미자립교회 영상예배
  장비 지원(동부시찰 외 15개 교회)

5/3(주일)

* 교회 현장예배 재개 (청□장년)
  예배실 내 거리(2m), 온라인 예배
  병행, 안면인식 화상발열 체크기로
  발열체크 시스템 변경

5/6(수)

우모하 카페 오픈

5/11(월)

생활 속 거리 두기

5/17(주일)

* 교회 예배 재개(교회학교 초등팀,
  청소년1,2팀)
* 총회 8차 교회 대응지침

5/26(화)

대중교통(지하철, 버스 등) 이용시
마스크착용 의무화
(항공기 마스크착용 5/27 부터
초등학교 1, 2학년, 유치원 등교 시작

5/31(주일)

* 한국교회 예배회복의 날
  철저한 방역 준비와 함께
  현장예배 간격(1m)규정
* 우모하비전센터 준공감사예배(저녁)

5/29(금)

수도권 지역 추가 방역조치(5/29~6/14)

6/2(화)

* 총회, 9차 교회대응 지침
* 우모하카페 운영시간 제한
  ·월~금 : 10시~오후 4시
  ·수, 토, 주일 : 10시~오후 6시

6/14(주일)

QR코드 이용 교회 출입 시행

6/15(월)

수도권 지역 강화된 방역조치
무기한 연장

6/28(주일)

저녁예배, War Room 영화상영

7/5(주일)

코이노니아연합회 임원 모임
항존직분자 리더십 모임
교회 정관 개정위원 모임

7/12(주일)

공적 마스크 제도 폐지
(편의점 등 구매 가능)

* 총회, 10차 교회 대응 지침
* 제직회 연기 결정
  공식 소그룹 모임 연기
  순리더 모임 비대면 전환
  맞춤식 순목양 시스템 시작

7/10(금)

교회 공식예배 외 소모임,
찬양대 연습, 음식 나누기 등 금지
(방역수칙 의무화 조치)

7/13(월)

사도행전 강해 마침(7/10)
로마서 강해 시작(7/13)

7/19(주일)

유아휴게실 오픈(우모하비전센터4층)
0~24개월 아이와 부모

7/20(월)~

우모하카페 운영시간 조정
10시~오후 2시
주일 오후 2시~6시 장소만 오픈

7/22(수)

다중이용시설 위기상황 교육 및 훈련

7/24(금)

교회 소모임, 찬양대 연습,
음식 나누기 등 재개 (2주 만에 해제)

7/26(주일)

여름성경학교/수련회(비대면 온라인)
· 청년1팀 수련회 7/26~28
· 청년2팀 수련회 8/14
· 청소년1팀 8/21~23
· 청소년2팀 8/28~30
· 초등팀 8/6~9 미취학팀 8/2, 8/9

	8/2(월) — '길벗' (거리의천사 후원 길동무 발행) 월간지 소개 및 정기구독 광고
	8/2(주일) — * 8월 당회 개최 상반기 예산 결산
	8/3(월) — 우모하카페 휴가 8/3(월) ~ 8일(토)
사랑제일교회 관련 확진자 발생 급증	**8/12(수)**
사회적 거리 두기 2단계 격상	**8/16(주일)**
	8/18(화) — 임시당회 8/19~8/30현장예배중지
	8/23(화) — 우모하장학금 신청
수도권 사회적 거리두기 2.5단계로 격상	**8/30(주일)** — 현장예배 중지일 연기 (8/30→ 9/6) 우모하 72번째 기획전 (8/19~10/22, 문애경)
누적확진자 2만명 돌파 (225일 만)	**9/1(화)** — 예배 중지일 2차 연기 (9/6 → 9/20)
수도권 사회적 거리두기 2.5단계 1주일 연장	**9/4(금)** — 아이워십 9월호 발행
	9/13(주일) — 9월 당회
사회적 거리두기 1단계로 완화 발표 (10/12부터)	**10/11(주일)**
	10/15(목) — 담임목사님 목회서신 책 '사랑해요 목소리 높여' 출간

• 방역기관과 지자체의 활동

코로나19를 이기는 새로운 일상

♣ 아프면 쉬기   ♣ 건강 거리 유지하기
♣ 손 씻기   ♣ 기침 예절 지키기
♣ 생활 속 거리 두기 실천으로

더 건강하고 안전한 사회를 만들어 갑니다.
대한민국 정부가 끝까지 함께 하겠습니다.

- ○○구청 전화 대기음 -

중앙재난안전대책본부(20.6.16)

① 주말 외식할 때 지킬 에티켓!
② 마스크/손 위생은 기본
③ 개인 접시에 덜어 먹기
④ 술잔 돌리지 않기
⑤식사 중 대화자제 실천바랍니다.

수원시청 79번째 확진자(20.6.15)

발생[50대 남자/망포1동/해외입국자] 자택 및 주변 소독예정. 동선은 역학조사 후 SNS 및 홈페이지에 공개하겠습니다.

[중대본] 20.7.12(일)

교회에서 집단감염이 계속되고 있습니다.
■ 정규 예배 외
■ 모임.행사 금지
■ 단체식사 금지
■ 상시 마스크 착용 등 방역수칙을 준수바랍니다.

[용인시청] 20.7.12(일)

105~108번(남/2세, 여/2세, 여/30대, 남/60대, 상현1동/수원-106 확진자 발생 동선은 SNS 및 홈페이지에 공개하겠습니다.

[용인시청] '20.7.12(일)

올바른 마스크 착용법!!!

① 착용 전 손 씻기
② 입.코 완전 가리기
③ 착용 중 만지지 않기
④ 끈 잡고 벗은 후 손 씻기 등 실천이 서로에 대한 배려입니다.

중대본(중앙대책본부) '20.7.17(금)

[중대본] 20.7.16(목)

코로나19는 밀폐, 밀집, 밀접시설에서 전파위험이 높습니다.
■ 다중이용시설 방문자제
■ 환기, 표면소독
■ 마스크 착용
■ 2m 거리두기 등 방역수칙 실천해 주세요

중대본 (20. 9. 9)

코로나19 집단감염이 지속되고
있습니다. 정규예배 포함 모든
예배는 비대면 개최, 대면모임,
단체식사 금지 등 방역수칙
준수를 당부드립니다

화성시청 (20. 9. 8)

경기도 편의점 특정시간 취식
제한 행정명령(9.4~) 21~05시
편의점 실내 또는 야외테이블
에서 음식물 섭취를 위한 집합
및 이용자 취식행위 금지

전국 **코로나19** 확진자 현황
20. 10. 10 (0시 기준)

확진자 현황

총 환자	격리해제	격리중	사망
24,548명	**22,624**명	**1,494**명	**430**명
(+72)	(+55)	(+15)	(+2)

국내·해외유입 현황

국내 발생	해외유입
21,187명	**3,361**명
(+61)	(+11)

서울	5,510	(+23/+2)
부산	481	(+3/0)
대구	7,139	(0/+1)
인천	964	(+8/0)
광주	496	
대전	383	(+1/0)
울산	154	
세종	78	
경기	4,625	(+24/0)
강원	224	
충북	178	
충남	494	(+1/+2)
전북	149	
전남	176	(+1/+1)
경북	1,568	
경남	296	
제주	59	
검역	1,574	(0/+5) (국내발생/해외유입)

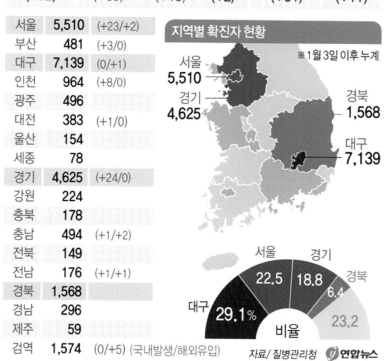

지역별 확진자 현황
※1월 3일 이후 누계

서울 5,510
경기 4,625
경북 1,568
대구 7,139

비율
대구 29.1%
서울 22.5
경기 18.8
경북 6.4
23.2

자료/ 질병관리청 연합뉴스

- 교회예배 중지 기간 중 대표기도

3월 26일(주일) 권오현 목사

만유의 주재가 되시는 하나님아버지
주님의 크신 사랑과 은혜에 감사드립니다. 보잘것없는 죄인들이지만 한없이 큰 사랑으로 저희를 품어주시고, 독생자 예수님을 이 땅에 보내주셔서, 주를 믿는 모든 사람에게 영원한 생명을 허락해주셔서 감사드립니다. 이 시간 주님의 은혜를 기억하며, 생명의 주인 되시는 아버지 앞에 섰습니다. 다 함께 성전에 모이지 못하고 각자 처한 자리를 구별하여 거룩한 예배로 나아갑니다. 저희가 드리는 예배를 기쁘게 받아 주시옵소서. 예배하는 저희 가운데 임재하셔서 성령으로 충만하게 하여 주옵소서. 저희의 허물을 깨끗하게 하시고, 진리의 말씀으로 깨닫게 하시며, 아버지의 뜻대로 살아갈 수 있는 능력을 더하여 주옵소서.

주님, 지금은 코로나 바이러스로 인해 전 세계가 큰 위기와 어려움 가운데에 있습니다. 발전과 번영에 도취되어 하나님의 은혜를 잊어버린 것은 아닌지 돌아보게 됩니다. 주님, 저희를 긍휼히 여겨주셔서 속히 이 고난이 지나가게 하여 주옵소서. 질병과 싸우고 고통 받고 있는 이들을 건져 주시고, 주님의 보혈로 회복시켜 주시옵소서. 당국자들과 의료진 등 일선에서 최선을 다하고 있는 이들의 건강을 붙들어 주시고, 문제가 해결될 수 있는 치료제와 백신이 개발되게 하여 주옵소서. 살아계셔서 역사하시는 놀라운 하나님의 일하심을 이번 사태를 통해 확실하게 경험하게 하여주옵소서. 한국교회와 성도들을 기억하여 주옵소서. 마음껏 예배하지 못하는 상황 가운데 사회의 감시와 눈총을 받고 있고, 부당한 손가락질과 비판을 당하고 있습니다. 세상의 손가락질에 눈치보기 보다는 대주재이신 하나님의 말씀에 귀를 기울여 지금의 고난을 이겨낼 수 있는 지혜를 얻게 하여 주옵소서. 오히려 Love God Love People의 삶을 통해 세상을 부끄럽게 하고, 주님의 영광을 나타내게 하여 주옵소서. 이를 통하여 거룩한 부흥이 임하길 원하오니 주님 역사하여 주옵소서.

우리 교회 성도들의 삶을 지켜 보호하여 주옵소서. 전염병의 위협에서 지켜주셔서, 한 사람도 감염되지 않게 하옵소서. 육신의 질병으로 인해 신음하고 있는 형제 자매들을 붙들어 주셔서 치유를 경험하게 하옵소서. 경제적인 어려움 가운데 성도들의 직장과 사업장을 지켜주옵소서. 학교와 유치원에 갈 수 없어서 하루 종일 집에서 지쳐가고 있는 아이들과 그들을 돌보는 부모들을 돌아봐 주시고, 이 시간을 통해 오히려 가족이 믿음으로 하나 되는 계기가 되게 하여 주옵소서.

저희 명선교회가 우리나라 모든 나라 하나님 나라의 꿈을 가지고 이것이 이루어지기를 바라며, 우모하비전센터를 건축 가운데 있습니다. 믿음의 다음 세대를 위하여 신앙의 교육과 국내외 선교를 위한 공간으로써 우모하비전센터가 아름답게 세워지기를 간절히 바라옵니다. 동일한 헌금은 아니어도 동일한 헌신으로 빚 없이 건축되게 하여 주옵소서.

이 시간 주님의 말씀을 대언하시는 담임목사님을 능력의 장중에 붙들어 주셔서 살아계신 진리의 말씀을 선포케 하여 주옵소서. 전하실 말씀을 통하여 모든 성도들이 하나님의 음성을 듣는 소망과 기쁨의 시간이 되게 하여 주옵소서.

이 모든 간구를 저희의 소망되시는 예수 그리스도의 이름으로 기도합니다. 아멘.

7월 26일(주일) 김윤희 권사

생사화복의 주권자이신 하나님 아버지를 찬양합니다. 선하시고 인자하심을 찬송합니다. 홀로 영광받으시옵소서.

한 주간도 동행하여 주시고, 때마다 피할 길 주심에 힘을 얻고 주님의 사랑과 은혜로 살아가게 하심을 감사드립니다. 하나님 아버지! 때론 교만과 고집, 세상 욕심 속에서 주님을 멀리하여 살았던 나약한 저희들을 용서하여 주시옵소서.

전능하신 여호와 하나님 아버지!
우리를 살려주십시오. 우리나라를 살려주십시오. 세계 모든 나라를 살려주십시오. 온 세상에 퍼져있는 코로나19 바이러스가 한순간에 없어지도록 역사해주십시오. 참으시며 기다리시는 하나님 아버지, 진노의 막대기를 이제 내려주십시오. 흥망성쇠를 주관하시는 하나님 아버지 앞에 겸손히 두 손 모아 간절히 기도합니다.

지금까지 한 번도 경험하지 못한 비대면 여름 수련회가 오늘부터 청년1팀의 「청년편지」라는 주제로 시작됩니다. 깊은 묵상으로 하나님의 은혜와 사랑을 뜨거운 눈물로 경험하게 하셔서, 그 믿음의 힘으로 하나님 나라를 이루어 갈 큰 소망을 향하여 우리 청년은 나아갈 것이며 지켜갈 것을 믿고 기도합니다. 교육부서의 새로운 문화에 따라 비대면 온라인 여름성경학교와 수련회를 통해 학부모가 신앙교사가 되어 부모는 자녀와 함께 성도는 기도와 함께 다음 세대를 위해 기도하게 하옵소서.

성전에 머물러 예배하고 기도와 찬양하며, 말씀 듣고 성도와 함께 믿음의 교제, 서로 사랑의 떡을 나누며 함께 했던 우리 교회가 정말 그립습니다. 아름답게 성전을 건축하고도 전 교인이 함께 할 수 없고, 방역수칙에 따라 움직이는 것이 너무나 마음이 아픕니다. '코로나19 사태가 하루 속히 종식되어 함께 예배하는 가운데 모든 사역이 살아 움직일 수 있기를 소망하며, 전에 있던 불평이 감사로 바뀌게 하옵소서.

새로운 북카페사역에 많은 사역자들이 지원하여 나눔과 교육의 사역이 주님의 은혜 가운데 잘 준비되고 진행되기를 바라며, 이 지역에서도 크게 사용되어 복음을 전하는 장소로 쓰여지길 기도합니다.

말씀을 전하시는 전도사님, 영육의 강건함과 학업에 은혜를 더하여 주시옵고, 저희들은 전해 주시는 말씀에 힘을 얻어 가정과 세상에서 하나님 중심으로 승리하는 삶을 살게 하옵소서. 십자가에서 죽으셨다 부활하시고, 이 땅에 다시 오실 예수님의 이름으로 기도하오며, 이제 우리 함께 주님께서 가르쳐주신 기도를 드리옵나니~

하늘에 계신 우리 아버지여…

8월 2일(주일) 이찬복 집사

우리를 사랑하시되 끝까지 사랑하시는 하나님 아버지, 지난 한 주간도 각자의 자리에서 맡은 일들을 감당하게 하시며 주일 예배에 참석하게 하시니 감사드립니다. 습하고 궂은 날씨가 이어지는 장마철이지만 하나님 아버지께서 주관하시는 이 모든 우주의 질서가 이제까지 그랬던 것처럼 결국은 아버지의 계획과 뜻 안에 포함되어 있는 것을 알고 있습니다. 비가 오면 오는 대로 뜨거운 햇살이 내리쬐면 그것대로 자연을 거스르거나 불평하기보다는 하나님 아버지의 섭리와 계획 속에 천지만물이 운영되고 있음을 깨닫게 하여 주시옵소서.

하나님 아버지의 예비하심을 머리로는 알면서도 막상 닥치는 일상에서는 믿지 않는 자들과 별반 다름이 없었음을 고백합니다. 하물며 너희일까 보냐 하신 아버지께, 주시는 데도 더 달라고, 먹고 있으면서도 더 먹게 해 달라고 욕심부리는 저희의 일상을 돌아볼 때 가슴 아파하실 하나님 아버지를 떠올리면 마음이 무겁습니다. 저희의 불순종과 교만을 용서하여 주시옵소서.

반년을 넘기도록 창궐하는 코로나바이러스 사태로 교육팀의 여름프로그램이 예년과는 다른 방식으로 진행될 예정입니다. 성경학교와 수련회를 통해서 해당 학생뿐만 아니라 가족들도 동참하면서 '부모는 자녀와 함께, 성도는 기도와 함께'라는 교육팀의 올해 목표에 부응할 수 있도록 도와주시고, 올해의 특별한 성경학교와 수련회를 통하여 하나님과 성경을 더욱 깊이 알아가는 은혜의 시간으로 기억될 수 있도록 도와주시옵소서.

코로나 방역지침을 따르느라 기본적인 신앙생활이 간소화됨에 따라 믿는 자가 해야 할 도리마저도 간소화하고 생략해 버리지 않도록 저희의 일상을 견고하게 붙들어 주실 것을 간절히 기도드립니다. 모여서 기도하지 못할 때에는 각자의 처소에서 기도하게 하시고, 만나서 위로하지 못할 때에는 다른 방법을 구할 수 있는 지혜를 허락하여 주시옵소서. 격리와 거리 두기가 새로운 성경 읽기와 묵상의 기회가 되게 하시고, 평소에는 지나쳤던 이웃의 처지를 새로운 관점에서 생각해 볼 수 있는 기회를 허락하여 주시옵소서.

장기화하는 전염병과 이에 대비한 방역 생활을 불편해하고 부담스러워하기 보다는 평상시의 위생과 환경을 돌아보게 하시고, 전염병 확산 방지를 위한 각종 절차에 성실하게 따르는 생활이 몸에 밸 수 있도록 도와주시옵소서. 각종 영업 제한으로 많은 자영업자와 일부 업종 근로자, 취업 준비생들이 큰 고통 속에 있습니다. 교회가, 크리스천들이 이들의 고통을 외면하거나 방관하지 않고 러브 피플의 마음으로 다가가는 미담과 선행의 본이 되는 자들이 되도록 도와주시옵소서.

어려운 시간 속에 교회의 예배와 하나님의 날을 준비하느라 애쓰는 손길들이 있습니다. 교회 곳곳을 쓸고 닦는 성도들과 방역을 위해 준비하는 안내위원들, 예배위원들과 샬롬찬양대의 헌신을 받아주시옵소서.

한 주간의 영의 양식으로 삼을 하나님 아버지의 말씀을 전하는 담임 목사님께도 영육간의 강건함을 허락하셔서 말씀이 선포될 때 우리의 영이 깨어나고 실천으로 옮기는 은혜를 허락하여 주시옵소서.

이 모든 말씀을 우리 주 예수그리스도의 이름 받들어 기도드립니다. 아멘.

8월 9일(주일) 한근호 집사

모든 만물의 조성자이신 만군의 여호와 하나님 아버지 천지에 있는 모든 것의 주인 되시고 세계를 주관해가시는 주의 영화로우신 이름을 찬양합니다.

죄와 허물 아래 다 치우쳐 있었던 저희를 속량해주시기 위하여 예수 그리스도를 화목제물로 보내주신 하나님 아버지의 사랑에 감사드립니다. 행위로서가 아닌 믿음으로 저희를 의롭다 칭해주시고 지은 모든 죄를 간과해주신 하나님의 은혜와 구속의 사랑에 감사드립니다. 이 믿음의 언약 아래 저희를 받으사 하나님의 자녀로 새 생명 가운데 살게 하시다가 이 아침 예배자로 서게 하심을 감사드립니다.

그러나 주님, 이 나라와 세계는 코로나19 전염병으로 개인과 가정과 일터와 사회와 나라가 큰 어려움과 위험 가운데 노출되어있습니다. 생활 속 거리 두기로 교회 또한 모임과 예배가 자유롭게 드려지지 못하고 있습니다. 사람의 눈과 귀를 만드시고 보고 듣고 계시겠다고 하신 주님, 인간의 노력과 과학으로는 해결할 수 없고 오직 주님의 전능하심을 바라보오니 징계하시더라도 진노로 하지 마시고 너그러이 주님의 긍휼하심으로 저희를 대우하사 속히 이 전염병이 물러가게 도와주옵소서. 또한 이 일을 통하여 하나님의 뜻과 목적이 무엇인지를 잘 분별하게 하시며, 나태함으로 믿음에서 멀어지지 않게 하시고, 바이러스 공포보다도 더 치명적인 죄가 개인과 가정과 사회를 무너뜨리고 파괴하는데 이런 죄에 대한 경계심과 경각심을 더 크게 갖는 기회 되게 하옵소서. 잘 모여지지 못하지만 각 성도가 흩어지는 교회로서의 역할도 잘 감당하게 하셔서 흩어진 복음의 불씨 되어 삶의 자리에서도 우모하를 이루게 하옵소서.

주님, 긴 장마와 폭우로 신음하는 저희들의 소리를 들으시옵소서. 무지개를 띄워 물로 심판하지 아니하겠다 하셨으니 주의 자비하심을 나타내 보여주옵소서. 이 모든 일에 수고하고 복구하는 손길들을 위로하시고 이들과 함께 마음을 나누게 하옵소서. 하나님의 뜻을 따라 이곳에 명선교회를 세우시고, 또 우모하비전센터를 준공하게 해주신 주님께 감사드립니다. 우모하비전센터가 하나님의 마음과 뜻을 이루는 거룩한 성전 되게 하셔서, 이곳에서 드려지는 예배를 통해 다음 세대에 신앙의 전승이 활발히 이뤄지게 하시고, 지역을 유익하게 하는 공간으로도 사용되게 하옵소서. 온라인으로 모여지는 교육팀 여름성경학교와 수련회도 성령의 도우심 가운데 새로운 길을 잘 개척해가게 하시옵소서. 저희에게 하나님의 말씀인 성경을 주셔서 감사합니다. 말씀을 늘 가까이하고 묵상을 통해 말씀 앞에 서게 하시므로 하나님의 뜻을 분별하여 모든 상황을 영적인 시야로 바라보며 기도로 나아가게 하옵소서.

이 시간 말씀을 선포하실 담임목사님에게 성령의 능력과 담대함을 더하여 주시길 원합니다. 듣는 저희에겐 각 심령에 성령님의 감동이 있게 하사 말씀 앞에 떨며 순종하고자 하는 마음과 결단하는 의지까지도 주장해주셔서 삶이 변화되는 능력을 경험하게 하옵소서. 찬양으로 영광 돌리는 호산나 찬양대의 찬양을 기뻐 받으시고 대원의 삶 속에서도 늘 찬양과 감사가 마르지 않게 하시옵소서. 건강의 문제와 사업과 생업의 어려움, 관계의 어려움 가운데 있는 이들에게도 주님의 동일한 은혜를 허락하시고 심령이 상하지 않도록 마음을 지켜주옵소서.

예배 중에 임하실 주님의 임재를 사모합니다. 예배를 통하여 저희의 경배를 받으시고 저희를 평화 가운데 인도하사 삶 속에서도 주님의 이름을 높이며 하나님 나라를 확장하는 우모하의 통로 되게 하시므로 하나님께 영광이 되게 하옵소서.

저희를 죄의 그늘 아래서 속량해 주시고, 복음의 빚진 자로 살아가길 원하시는 주 예수 그리스도의 이름으로 기도드립니다. 아멘.

• 그때, 교회의 풍경 – 교역자 인터뷰(나라지 99호 '20.6.14)

주일이 되어도 마음대로 교회에 갈 수 없었던 그때, 교인들은 각자의 처소에서 온라인으로 예배를 했고, 교역자들은 텅 빈 교회를 지키며 온라인 예배를 세상으로 내보냈다. 화면으로밖에 볼 수 없었던 그때의 교회는 어떤 풍경이었을까. 우리가 함께 있던 그 자리는 어떻게 지켜졌을까 궁금하여 부교역자 몇 분을 만나 보았다.

[교회 문을 닫기로 결정하는 일이 쉽지 않았을 것 같아요. 당시 분위기는 어떠했나요?]

이수근 목사 코로나19 확산으로 나라에서 모임을 자제해달라고 권고했을 때, 저희 교역자들과 당회는 이왕 대처할 거 신속하게 하자는 입장이었습니다. 어떤 분은 전쟁 때도 예배는 안 멈췄는데 이런 일로 예배를 멈추냐며 우려하기도 했어요. 저희도 전쟁 때였으면 차라리 예배를 드렸죠. 지금은 메타교회로서 사회적 책임을 다하는 게 더 중요하다고 판단했어요.

[영상예배 준비는 어렵지 않았나요?]

이수근 목사 힘들었죠. 저희가 안 해 본 일이었잖아요. 방송엔 설교하는 담임목사님만 보이지만 그 화면 밑은 치열한 방송국이었어요. 방송 사고가 나면 안 되니까 이리 뛰고 저리 뛰고 했죠. 찬송가를 부를 때도 반주자가 없으니까 반주기를 미리 준비했다가 틀었어요. 그런데 음정이 안 맞는 거예요. 우여곡절이 많았는데 적응이 좀 되니까 뭐라도 더 하고 싶어서 부교역자들로 찬양대를 꾸리게 됐어요. 찬양대 연습에 익숙해지면서 화음도 더 넣고 노래에 더 기교를 부리면서 문득 두려움이 드는 거예요. '이대로 영상예배에 적응해버리면 어쩌나'하는 걱정이었어요.

마현주 전도사 저는 주일마다 예배 안내를 해 와서 그런지 더 피부로 느꼈던 것 같아요. 영상예배로 드린 첫 주일은 그래도 마음의 각오가 있어서 그런지 담담한 편이었는데, 그다음 주에 또 영상예배를 드리면서 교회에 성도가 한 분도 없으니까, 그 적막함에 큰 충격을 받았어요. 아, 이럴 수도 있구나. 그렇게 북적북적하던 교회가 하루아침에 텅 빌 수도 있구나, 생각하고 또 생각했습니다. 또 교회 문을 닫은게 2월이었잖아요. 여느 때 같았으면 새로운 사역을 시작하면서 으쌰으쌰 할 때였는데 성도님들을 만날 수도 없으니까 마음이 참 답답했어요.

[그래요. 남겨진 분들이 더 허전하고 허탈했을 거 같아요. 그래서인지 부활절 영상에서 '도마'를 들고나와 예수님의 제자 도마를 연기하는 권오현 목사님을 보고 한바탕 웃으면서도 뭉클했던 기억이 납니다.]

권오현 목사 제가 웃기려고 그랬던 건 아니에요(웃음). 부활절이 다가오니까 뭐라도 준비하고 싶어서 고민하다 즉흥적으로 한 거였는데, 도마를 간접 홍보까지 하게 되고, 많은 분들이 재밌었다고 피드백까지 해주셔서 너무 감사했습니다.

[명선교회에는 아이들이 유난히 많은데, 그 많던 아이들이 한꺼번에 사라져서 더 적적했을 것 같아요. 교육팀 분위기를 전해주시겠어요?]

이영곤 목사 저희는 영상예배가 꼭 나쁜 건 아니라는 생각을 공유하려고 많이 노력했어요. 특수한 상황에서는 예배를 어디에서 드리느냐가 중요한 게 아니라 어디에서든 예배를 지켜나가는 게 더 중요하다고 생각한 거죠.

가정으로 예배 처소가 옮겨지면서 아이들이 평소에 어떻게 예배하는지 직접 보게 된 부모들의 반응도 다양했어요. 같이 예배하니까 더 좋았다는 분도 있었고 애가 방에 들어가서 나와 보지도 않는다고 하소연하는 분도 있었습니다. 위기의 때에 누군가는 더 성장을 하고 누군가는 더 무너지게 되는 것 같습니다. 저희는 이 위기를 기회로 활용하기 위해 부모님께 공과공부를 맡겼어요. 저마다 큰 도전이 되었기를 바랍니다. 그동안 자녀를 교회에 보내면서 '신앙학원'에 보내듯 하지는 않았는지 돌아보았으면 해요.

[교역자분들끼리 드린 새벽예배 풍경은 어떠했을지 무척 궁금합니다.]

권오현 목사| 처음 6주 동안은 교역자들만 모여서 새벽예배를 했어요. 처음엔 예배가 끝나도 당장 밖에 나갈 일이 없다는 게 너무 어색하고 이상했어요. 그러다 익숙해지니까 오롯이 말씀과 기도에 집중할 수 있었죠. 교역자가 된 뒤로는 좀처럼 가질 수 없었던 시간이었습니다. 성도님들께는 죄송하지만, 교회 안에서 예배하는 시간이 너무 좋아서 '교역자 하길 잘했다'고 생각한 적도 있어요(웃음). 그래도 다함께 모여 활기차게 예배하던 게 너무 그리웠어요. 담임 목사님도 그러셨을 겁니다. 새벽 예배가 끝나면 찬양대 옆 자리로 내려와 늘 두 시간씩 성도님들을 위해 기도하셨으니까요.

[교회가 비었을 거라고만 생각했는데 그 공간이 기도로 채워지고 있었군요.]

권오현 목사| 그럼요. 저희 부교역자들도 다 교회 어딘가로 흩어져서 기도를 했어요. 명선 가족들의 사진을 보며 중보하고 또 중보하면서 하루 평균 6시간씩 기도했죠. 저희가 할 수 있는 게 '기도 목양'밖에 없었으니까요.

[교회 내 방역은 어떻게 하셨나요?]

이수근 목사| 제가 명선교회 방역위원장인데요, 저희 목표는 교회 내 감염을 철저히 막는 거예요. 밖에서 걸리는 건 어쩔 수 없지만 적어도 교회 내에서는 전파가 되지 않도록 나름대로 철저히 대비하고 있습니다. 방역수칙은 당연히 지키고 있고요, 우리 교인이 확진자와 접촉했다는 소식만 들으면 곧바로 그 교인이 만난 다른 교인이 있는지 조사해서 다 확인해요. 어떤 분은 제 전화를 받고서 자기가 누굴 만났는지를 어떻게 알았느냐며 깜짝 놀라셨어요. 저희 방역 수준이 이 정도예요.

깜짝 놀랄 만큼 교회 안은 수많은 준비와 노력과 기도로 분주한 모습이었다. "성도님들께 꼭 전해주세요. 저더러 편해서 살찐 것 같다는 분들이 있는데 그게 아니라 부은 거라고요. 점심마다 라면이랑 햇반 먹으면 저처럼 돼요." 굳이 이름을 밝히지 않아도 될 것 같은 그 분의 너스레에 다 같이 크게 웃었다.

글. 김세영 기자

책 편집을 마치면서

코로나19 전염병으로 인해 목자와 많은 성도 간에 만날 수 없는 벽이 생겼다. 코로나 19 전염병은 초대교회 사도 바울이 감옥에 갇힌 경우와 비슷한 상황을 만들었다. 하지만 사도 바울은 감옥에서 성령의 감동으로 편지를 쓰기 시작했다. 몸은 비록 감옥에 있지만, 초대교회 성도들과 편지를 통해 영적 교감을 나누었다.

코로나19 긴급사태, 성도들을 대면할 수 없는 상황에서 배성태 목사님도 목양실에서 성도들을 향해 편지를 쓰기 시작한 것이다.

'배성태입니다' 로 시작한 짧으면서도 정성어린 메시지는 목사님의 심정을 소상히 표현하였다. 성도 들은 '메시지'가 아닌 편지로 받아들였다. 뜻밖의 편지를 받은 성도들은 너무 기뻐 했고, 감동을 넘어 감격하는 분도 있었다. 편지는 1주일에 두세 번씩 계속되었다. 시간이 지나 편지가 쌓일 때쯤, 나상술 장로가 배 목사님께 편지를 모아 책을 출간하면 어떠냐고 제안을 했다. 배 목사님은 '훗날 교회의 역사이니까 사료로 가치가 있을 것 같다'라는 말씀을 하시며 동의하셨다.

이때부터 책을 위한 모임이 시작되었다. '나는 또 교회 갑니다'라는 책을 저술했던 김중근 집사, 디자인을 담당할 정승환 집사가 합류하였다. 책을 만드는 일은 쉽지 않은 작업이었다. 건강이 걱정될 만큼 집중력을 발휘하며 동분서주했던 나 장로의 수고와, 많은 책을 저술했던 김 집사의 노하우, 그리고 디자이너로서 기업에서 경력을 쌓고 직접 책까지 출간했던 정 집사의 경험이 더해졌다. 코로나 상황에서 회의도 쉽지 않았다. 매주 만나고 SNS를 통해 정리하고 생각을 공유하며 소통했다.

책 제목은 배 목사님이 정해서 팀원들과 상의하셨다. **'사랑해요 목소리 높여'**였다. 많은 의미가 담겼을 것이다. 긴박한 코로나19 상황 속에 햇빛이 잘 들지 않는 목양실에서 주님을 향해 '사랑해요'라고 외쳤을 것이고, 코로나19 위기를 맞은 성도들과 국가를 위해 '목소리 높여' 주님께 간구했을 배 목사님의 심정을 담은 제목이 아닌가 싶다.

이렇게 8개월 동안 목양실에서 쓰인 편지는 **'사랑해요 목소리 높여'**라는 책으로 엮어져 세상에 나오게 되었다. 편지마다 정성어린 성도들의 댓글을 추가하였다. 청년 오단비 자매의 삽화가 첨가되어 편지의 내용을 시각화하였다. 뜻있는 성도들이 책을 출간하는 비용을 기쁨으로 기부하였다. 책을 통해 얻는 수입은 어렵고 힘든 청소년과 청년들의 장학금으로 사용하게 될 것이다.
마지막으로 많은 분들의 손길을 통해 책을 출간하게 하신 **'주님께 감사를 드린다.'**

모든 성도가 환한 웃음을 짓고 교회에 나와 예배를 드리기 전까지 배 목사님의
편지는 계속 이어질 거라 생각된다.

2020년 10월   김승일 장로

*사진에 얼굴이 나온 분들에게 일일이 동의를 구하지 못하고 책에 실은 것을
 넓은 마음으로 양해하여 주시길 부탁드립니다.

목소리 높여
사랑해요

코로나19와 목회서신